POLITIQUE SÉDUCTION

Comment les hommes politiques
réussissent à vous plaire

Thierry SAUSSEZ

POLITIQUE SÉDUCTION

Comment les hommes politiques réussissent à vous plaire

JCLattès

A Roger FREY
dont j'espère avoir un peu
du sens politique.

A Michel BONGRAND
dont j'espère avoir beaucoup
du talent de communicateur.

A Alexandre
dont j'espère qu'il aura tout
de ma passion de convaincre.

SOMMAIRE

INTRODUCTION

Des grandes inaugurations de la Grèce antique au minitel et de l'invention de l'imprimerie à la vidéo, la recherche est toujours la même : celle d'un échange. Les grands écrivains du XIXe siècle produisaient des professions de foi lyriques. Les notables de la IIIe République faisaient campagne auprès des relais d'opinion qui délivraient ensuite le message autour d'eux. Les candidats aux élections présidentielles sont, avant tout, jugés sur leurs prestations télévisées.

La forme modifie-t-elle le fond ? Le contenant change-t-il le contenu ? Assurément, la question se pose. Je laisse volontiers aux hommes politiques et aux philosophes le soin de conduire ce débat. Le technicien de la communication se limite à constater que les objectifs n'ont pas changé : ajuster les attentes du public aux actions des gouvernants, justifier une politique, faire passer dans la conscience collective des images simples, des symboles forts et compréhensibles.

Ce qui a changé, ce sont les médias. On ne tient pas le même discours à quelques centaines de notables et à 37 millions de citoyens. On ne fait pas la même campagne électorale auprès de 3 000 personnes qu'on peut rencontrer individuellement et auprès d'un million de votants dans un département. Dans ce cas, celui qui a un message à transmettre doit le confier à un support accessible à tous, que ce soit une affiche, un journal ou une émission de télévision.

Les premières élections au suffrage universel, l'apparition de la télévision, la désignation du président de la République par tous les Français ont été les éléments déterminants du développement de la communication politique en France.

La médiatisation n'est rien d'autre que la forme techniquement plus élaborée du garde champêtre ou du haut-parleur de nos anciennes réunions de préaux d'écoles.

L'opinion publique s'est totalement adaptée à ces nouvelles règles du jeu. Son appétit de communication est réel, son ouverture à la publicité prouvée. Le monde politique hésite encore, un pied dans l'archaïsme, un pied dans la société de communication. Faire face à cette évolution, convaincre les hommes politiques de devenir communicateurs, les assister dans l'utilisation des médias : tel est le rôle de quelques spécialistes dont le métier sort de l'ombre. Nous ne sommes ni des gourous ni des manipulateurs, mais des professionnels qui ont, à la fois, la maîtrise des techniques de communication et la connaissance de l'opinion.

Nous parlons non au consommateur mais au citoyen. Nous ne déclenchons pas un acte d'achat mais un acte d'adhésion.

Sur ces bases, et à partir de la définition du marketing commercial, on peut dire que la communication politique est l'ensemble des techniques permettant de créer ou de développer la notoriété et l'image d'un homme politique en favorisant l'adéquation entre ses idées, son programme, sa personnalité et le marché électoral.

Ce livre s'adresse à tous ceux qui ne veulent pas subir la communication politique mais la comprendre, à tous les élus et responsables dont l'ambition est de diriger une nation moderne, à tous les citoyens qui veulent simplement savoir comment les hommes politiques réussissent à leur plaire.

CHAPITRE PREMIER

La communication politique à travers les âges

D'Athènes à l'apparition de la presse

Depuis toujours, communication et politique ont appris à vivre ensemble.

Les Grecs utilisaient habilement l'art de la rhétorique, la littérature et l'embellissement de la cité afin de flatter l'orgueil du peuple. Avant tout régnait l'art de la parole. Les sophistes étudiaient la possibilité concrète d'adapter le discours aux circonstances en vue d'utiliser l'émotivité des foules. Pisistrate exploitait systématiquement la désinformation. Périclès développait les fêtes et les divertissements.

Avec Rome, les affiches électorales firent leur apparition, reproduisant les promesses et la louange des qualités du candidat. Les écrits et commentaires de César étaient essentiellement des œuvres de propagande. Il avait parfaitement réussi dans sa création d'un portrait de lui-même et de l'histoire des événements.

Les premiers siècles après Jésus-Christ furent marqués par l'effort de diffusion du christianisme au sein de l'Europe. L'Église utilisa la communication afin de s'imposer dans la société féodale. La mobilisation générale d'une population autour de la construction d'une cathédrale contribua à développer le sentiment d'appartenance au catholicisme. Au cœur de la ville, ces monuments rappellent à chaque instant de la journée, grâce aux sonneries régulières, l'importance du domaine religieux dans la vie de chacun. De longues processions suivent la présentation des reliques, propageant par là même la foi à travers nos campagnes.

Mais c'est surtout avec la naissance de l'imprimerie, en 1436, que la communication politique connaît son véritable essor. L'information est diffusée plus rapidement, plus précisément, plus loin aussi.

Le problème des rapports entre la presse et le pouvoir politique va réellement se poser à l'occasion de l'apparition de la presse périodique. En 1631, Théophraste Renaudot, avec *la Gazette*, invente la presse périodique française. Il choisit le mot gazette « pour être plus connu du vulgaire, avec lequel il fallait parler ». Le roi sait utiliser ce média, prend Renaudot comme conseiller politique et réprime la presse illicite et clandestine.

En 1792, la Convention crée un bureau de propagande au joli nom d'« esprit ». Rattachée au ministère de l'Intérieur, cette officine a pour objectif de conditionner l'opinion publique. Napoléon Ier n'oubliera pas la leçon en déclarant : « La force est fondée sur l'opinion. Le gouvernement n'est rien s'il n'a pas l'opinion. »

Quelques décennies plus tard, beaucoup parmi nos plus illustres écrivains donneront à la communication politique quelques lettres de noblesse... et de savoureuses anecdotes. Ainsi, Dumas père, tentant vainement, en 1841, de se faire nommer représentant du peuple, décline longuement ses titres afin d'être élu. Il s'agit en fait d'une incroyable comptabilité destinée à démontrer que les 400 volumes et 35 drames qu'il a créés ont fait vivre 2 160 personnes,

« non compris les contrefacteurs belges et traducteurs étrangers ».

Malheureusement, son concurrent Paul de Kock posera, lui, sa candidature avec une affiche précisant : « J'ai infiniment plus de droits d'être membre de l'Assemblée constituante que le citoyen Alexandre Dumas. Il se vante d'avoir fait gagner 12 millions à ses éditeurs, à ses marchands de pied et à ses claqueurs. Bagatelle ! Ma plume a rapporté, dans l'espace de vingt ans, 63 romans. Ce n'est pas trop cher de calculer chaque roman à 1 million. Total : 63 millions. » Il ajoute à ces calculs le nombre de gens venant le voir en omnibus, la foule de femmes lui demandant son portrait, le marché noir de ses autographes et mèches de cheveux, et il cite même le cas de princesses russes ayant loué une « citadine » pour lui rendre visite.

C'est ainsi qu'en ce temps-là on valorisait son rôle dans l'économie locale !

Victor Hugo n'échappe pas à la règle. Le 23 avril 1848, le mariage de raison entre communication et politique prend tout son sens avec les premières élections au suffrage universel. Sa profession de foi précise les volumes qu'il a écrits, les pièces de théâtre qu'il a fait jouer, le nombre de fois où il s'est exprimé à la Chambre des pairs. Quelques jours plus tard, son affiche se fait plus politique : « Deux Républiques sont possibles : l'une abattra le drapeau tricolore sous le drapeau rouge, fera des gros sous avec la colonne, jettera bas la statue de Napoléon et dressera la statue de Marat, détruira l'Institut, l'École polytechnique et la Légion d'honneur, ajoutera à l'auguste devise : “ Liberté, égalité, fraternité ”, l'option sinistre : “ ou la mort ” ; fera banqueroute, ruinera les riches sans enrichir les pauvres ; anéantira le crédit, qui est la fortune de tous, et le travail, qui est le pain de chacun ; abolira la propriété et la famille ; promènera des têtes sur des piques ; remplira les prisons par le soupçon et les videra par le massacre [...]. L'autre est la sainte communion de tous les Français dès à présent, et de tous les peuples un jour. De ces deux Républiques, celle-ci s'appelle la Civilisation, celle-là s'appelle la Terreur. Je suis prêt à donner ma vie pour établir l'une et pour empêcher l'autre. » L'appel n'est entendu qu'un an plus tard à l'occasion d'une élection partielle qui verra la victoire du père Hugo.

Michelet, lui, que beaucoup pressaient de poser sa candidature, tente de faire élire son gendre Alfred Dumesnil. Sa proclamation est nette et bien honnête : « Il faut des hommes jeunes, neufs et de forces entières. La nouvelle Assemblée doit représenter par l'âge le rajeunissement de la France. » Rien n'y fit, pas même le soutien d'Edgar Quinet, ni celui de Lamartine. Michelet eût peut-être été élu. Par gendre interposé, sa candidature n'eut guère la même signification.

Balzac aussi est battu. Il est vrai qu'il avait un peu trop, dans plusieurs écrits, manifesté son hostilité au suffrage universel. Eugène Sue connaît un destin différent, et ce malgré un pénible débat. L'auteur des *Mystères de Paris* anime une réunion publique au gymnase Triat, allée des Veuves, aujourd'hui avenue Montaigne, à Paris. Qui dit élections populaires dit rencontres avec les électeurs et débat contradictoire. Au beau milieu de cette soirée, un opposant, en l'occurrence Muret, lui jeta au visage la profession de foi royaliste contenue dans la préface de son ouvrage : *la Vigie de Koatven*. La salle fut d'autant plus interloquée qu'elle apprit dans le même temps que l'auteur populaire vivait dans le luxe.

Lors de la même consultation, Alexis de Tocqueville est élu dans la Manche. Il nous conte dans ses

Souvenirs une bien jolie histoire. La population de son village devait se rendre au bourg pour voter. Le matin du scrutin, toute la population mâle de plus de vingt ans se mit en marche en rang par deux et par ordre alphabétique. Seuls les infirmes et les malades étaient sur des chevaux ou des charrettes. Arrivé en haut de la colline, Alexis de Tocqueville s'adresse à eux : « Que personne n'entre dans une maison pour prendre de la nourriture ou pour se sécher avant d'avoir accompli son devoir » (il pleuvait ce jour-là). Il s'agissait qu'aucun ne se laisse accoster ni détourner par les gens jusqu'à ce qu'il ait voté. La troupe cria qu'ainsi elle ferait. Tocqueville écrit d'ailleurs : « Tous les votes furent donnés en même temps et j'ai lieu de penser qu'ils le furent presque tous au même candidat. » Comprenez en sa faveur. Cette forme de communication anticoncurrence fut, semble-t-il, efficace.

Les couleurs de l'affiche

Rien ne changera vraiment dans la première partie du XXe siècle. En 1918, les Anglais créent le Comité de propagande. Le mot n'avait pas alors l'odeur de soufre que lui donneront plus tard quelques célébrités. Lénine ne s'y trompe pas en disant : « Le principal, c'est l'agitation et la propagande. » Machiavel avait lancé avant lui : « Gouverner, c'est faire croire. »

En France, les élections sont toujours marquées par le rôle de la presse, l'édition, les réunions publiques, souvent animées par des orchestres, lyres et troupes diverses.

Le pays remplit ses préaux d'écoles. Les réunions sont courtes, la plupart n'excédant pas une heure, mais suivies. Les rapports de police de la ville de Bordeaux indiquent, par exemple, des assistances courantes de 300, 320 et même 500 personnes pour des réunions généralement annoncées par affiche.

C'est d'ailleurs du côté de l'affiche que souffle l'air de l'innovation.

Dès 1900, la conception de ces affiches se fait de plus en plus professionnelle, d'autant qu'est désormais utilisé le procédé de reproduction par la lithographie en couleurs. Ainsi, les rues de nos villes se couvrent d'affiches multicolores. Elles prennent le pas sur ces tracts grand format qui n'avaient d'affiche que le nom. Place à l'image, au symbole, au slogan.

La S.F.I.O. s'affirme comme une grande consommatrice de cette forme élaborée de création graphique. En 1924, on voit un travailleur torse nu, le marteau à la main, écrasé par le bloc national et la Bourse.

En 1936, le Front populaire est marqué d'images de misère et de files de travailleurs devant la soupe populaire et le bureau d'assistance. En 1945, une Marianne rayonnante est soulignée du slogan : « Pour la liberté, votez S.F.I.O. » On voit même apparaître, avec trente ans d'avance, « le socialisme à la barre » illustré d'un personnage tenant une barre composée des 3 flèches de la S.F.I.O.

Deux ans plus tôt, avec encore un peu plus d'avance, était apparue sur les murs une affiche avec un visage rassurant et un petit village de France, presque semblable à celui de François Mitterrand en 1981. Paradoxe de l'histoire, signée du célèbre affichiste Villemot, elle assurait la promotion du maréchal Pétain.

En 1956, en pleine instabilité ministérielle, le ton se durcit. Sous la signature socialiste, un militant tend un index vengeur : « C'est bientôt qu'on va régler les comptes. »

Il n'est guère possible de passer en revue, en quelques pages, la profusion de créativité graphique de cette époque. Face à la gauche, il convient de mentionner la vaste campagne conduite dans les années trente par les républicains nationaux.

Les messages sont sans équivoque :

— Si vous votez pour le Front populaire soutenu par Moscou, c'est la guerre. Le visuel représente un char marqué de la croix gammée dont l'ombre s'étend sur l'Europe où est planté un drapeau soviétique.
— Blum, socialiste, et Cachin, communiste, les deux têtes du monstre qui menace d'étouffer la République. Marianne agonise sous l'étreinte de l'hydre aux visages des deux leaders.
— L'Office du blé, c'est le contrôleur et le fisc dans vos fermes. Sur ce dessin, un homme en costume noir, chapeau melon, brassard du fisc au bras, se fait ouvrir une grange.

Cette campagne intègre également l'une des premières bandes dessinées politiques. Elle raconte l'histoire de quatre frères et s'attache essentiellement à dénoncer la charge trop lourde « de cette chose monstrueuse : l'excès du fonctionnarisme ». Un tract de l'époque est d'ailleurs prémonitoire : « Les contribuables travaillent un jour sur trois au profit de l'État et des fonctionnaires ; demain, si l'on n'y met bon ordre, ce sera un jour sur deux. »

Les progrès de l'étranger

Les premiers symptômes de ce que l'on a appelé le marketing politique apparaissent avec le New Deal de Roosevelt.

Élu pour enrayer la terrible crise économique de 1929, il incarne la renaissance d'une Amérique qui ne s'avoue pas vaincue.

Le style, c'est l'homme, or son style est résolument novateur. La pratique introduite par Roosevelt qui consiste à appeler tous ses collaborateurs, de ses ministres aux domestiques, par leurs prénoms est l'un des signes du changement.

Si le président américain tient, dans un premier temps, à désacraliser sa fonction, ce qui lui permet ainsi de se rapprocher de son électorat, il sait surtout ménager et utiliser la presse. Pour ce faire, Roosevelt donne à la conférence de presse un statut quasi constitutionnel, l'équivalent américain de l'interpellation au Parlement. De plus, le président prend un malin plaisir à apprendre le prénom des journalistes. Il lit leurs articles, sollicite leurs idées, les plaisante sur leur gueule de bois, leur fournit des nouvelles, les invite à dîner le dimanche à la Maison-Blanche.

Le New Deal a inspiré une communication nouvelle, en même temps qu'il y a trouvé le moyen de mobiliser le pays.

Le mouvement sera confirmé lors de la campagne du parti républicain pour les élections présidentielles de 1936. Pour la première fois est mis en œuvre un véritable plan de campagne en fonction des niveaux de revenus, de la race, des problèmes locaux, etc. Roosevelt est triomphalement réélu.

Mais il faudra tout de même patienter jusqu'en 1952 pour voir utiliser massivement la publicité télévisée. Aux États-Unis, les candidats ou les partis ont, en effet, le droit de recourir à ce média. Le général Eisenhower n'enregistre pas moins de 49 spots publicitaires, un par secteur électoral prioritaire. Tous tournent autour de trois thèmes : la guerre de Corée, la corruption, l'augmentation des prix et des impôts. Les dialogues mis au point par les publicitaires sont savoureux : « J'ai trouvé vraiment dur de payer mes impôts après avoir lu que des percepteurs avaient été renvoyés pour malhonnêteté. Je ne sais pas combien de contribuables ont été bernés. Je ne sais pas combien de bandits s'en sont tirés. Mais je saurai bien les trouver quand je serai élu. La cherté de la vie, ma femme, Mammy, s'en tracasse aussi. Je lui dis que notre travail c'est de changer tout cela le 4 novembre. » On comprend qu'à la fin de l'enregistrement le prestigieux général ait dit en soufflant : « Pensez qu'un vieux soldat doit en arriver là. » Il fut élu.

L'Angleterre attendra, elle, l'après-guerre pour s'ouvrir à la communication politique. Selon l'étude passionnante réalisée par Monica Charlot, les deux grands partis se sont interrogés en même temps sur les nouvelles méthodes de propagande.

Le parti conservateur engage en 1945 son premier conseil en campagne politique. Celui-ci étoffe le service de publicité et ouvre largement le congrès du parti à la presse. En 1948, le parti demande à une agence de réaliser, pour la première fois, une grande campagne de publicité.

Les travaillistes, eux, résistent. La même année, les responsables du parti refusent de répondre au vœu de militants réclamant une campagne d'affichage commercial. A leurs yeux, c'est trop cher et le moyen publicitaire le plus efficace reste les adhérents du parti. Dans le même sens, ils refuseront deux ans plus tard de réaliser une enquête de motivation auprès des électeurs ouvriers. « Le parti des ouvriers n'a pas besoin d'experts pour connaître les aspirations de la classe ouvrière », répondent-ils.

En 1959, les conservateurs, avec, à leur tête, Mac-millan, gagnent les élections. Leur campagne est exemplaire et avait commencé, en fait, dès 1958. Le slogan sans cesse repris dans le matériel est : « You are having it good, have it better [1]. » Durant

1. « Tout va bien, faites que cela aille mieux. »

cette période, le parti conservateur sera le premier client de Grande-Bretagne pour l'achat d'espace dans la presse. Il faudra cela pour que les travaillistes consentent à violer leur tempérament peu communicatif. En 1962, ils créent un groupe d'experts bénévoles. En 1964, ils inaugurent à leur tour leur première campagne électorale moderne.

Let's go with Labour and we will get things done[1]. Tel est le slogan martelé et décliné durant la campagne. Avec Harold Wilson, ils gagnent à leur tour, victoire du changement et de la communication moderne.

Unanimes à choisir les nouveaux modes de promotion, les partis travailliste et conservateur le seront aussi, après 1970, pour s'en méfier.

L'un des plus retentissants échecs des sondages de notre histoire en sera la cause. En janvier, les conservateurs étaient donnés gagnants à 50 %, à la mi-juin à 14 %. Toute la presse se disait persuadée de la victoire travailliste. C'est la victoire conservatrice qui fut nette : 330 sièges contre 287.

Il fallait bien trouver un bouc émissaire pour effacer cette erreur collective. Ce furent les sondeurs et les spécialistes de communication politique. Plus en profondeur, les études démontrèrent que les conservateurs avaient remonté leur considérable handicap durant les vingt et un jours de la campagne officielle.

Ce fait remettait en cause l'analyse généralement admise selon laquelle la campagne sert essentiellement à convaincre un petit pourcentage d'hésitants et d'indécis. De ce fait, il n'était plus utile de donner la priorité à une communication sur le long terme et donc de s'assurer du concours permanent de spécialistes.

1. Soutenons les travaillistes et tout ira mieux.

analyse de l'electorat

C'est pourquoi les années qui ont suivi ont vu les partis se contenter de faire appel à des professionnels pour la campagne électorale proprement dite. Les sondages de 1974 ont confirmé la volatilité des électeurs britanniques. Sur 100 électeurs, 50 sont constants. 6 sont flottants entre les partis. 13 se décident au dernier moment. 13 sont des abstentionnistes occasionnels et 15 des abstentionnistes constants.

Cette volatilité s'estompe lorsque le pays fait bloc autour de son chef. Margaret Thatcher en fait la brillante démonstration avec la guerre des Malouines.

Crainte mais respectée, la « dame de fer » a connu une popularité inconstante. On peut déceler, à partir de l'étude des moyennes trimestrielles de satisfaction du Premier ministre britannique, trois périodes dans la législature de 1979 à 1983 : l'état de grâce de mai 1979 à mai 1980, un déclin régulier de juin 1980 à décembre 1981 et une impressionnante reprise à partir de décembre 1981, due, en grande partie, à « l'effet Malouines ». Son courage, son obstination et son esprit de décision deviennent avec la guerre des qualités légitimes et reconnues par tous.

Reléguant les problèmes économiques à la marge de l'actualité, Margaret Thatcher va obtenir 34 % d'indice de satisfaction en mars, avant la guerre, et 52 % en juin 1982, après la victoire du corps expéditionnaire britannique.

Conservant l'acquis de popularité de cette période, Margaret Thatcher peut habilement dissoudre la Chambre des communes le 9 mai 1983 afin de reconduire triomphalement une majorité conservatrice.

Les premiers balbutiements du marketing politique en France

2 janvier 1956. Les Français élisent leurs députés. Il y a 260000 téléviseurs dans le pays et environ un million de téléspectateurs, compte tenu des récepteurs placés dans les lieux publics. Le pays dispose de 9 millions de postes de radio.

Les émissions officielles à la télévision s'effectuent en direct, de la rue Cognacq-Jay, avec plan fixe, caméra unique et fond neutre. Chaque représentant de parti a droit à une demi-heure de répétition et à un service de maquillage.

Parmi les orateurs figurent bien des noms célèbres : Pierre Mendès France, Edgar Faure, Guy Mollet, Jacques Duclos, Pierre Pflimlin, Jacques Chaban-Delmas, Antoine Pinay, Jean-Marie Le Pen, Jean-Louis Tixier-Vignancour, Pierre Poujade.

Mendès, qui avait admirablement réussi ses enregistrements radiophoniques hebdomadaires comme président du Conseil, sera jugé mauvais. Dès l'époque, un texte trop écrit, des explications rationnelles, le ton choisi ne conviennent pas au petit écran. Dès l'époque aussi, l'improvisation donne les meilleurs résultats. Edgar Faure confirme son talent. Trente ans plus tard, le « Président » a consevé le style. Sur le plan de la communication, c'est une symphonie avec cette alternance d'humour, de culture, de finesse politique. Il excelle aussi bien dans les bons mots que dans les improvisations. Il est aussi à l'aise pour serrer les mains de ses pairs à l'Académie Française que pour tâter la « montbéliarde » dans les comices agricoles. Il sait retourner une salle hostile comme animer subtilement une assemblée restreinte. Pierre Poujade fait son apparition mais n'atteindra pas la même longévité.

Il invite les téléspectateurs à bien regarder son visage « qui ressemble à celui d'un honnête Français moyen » et déclare : « Ils sont grands car nous sommes à genoux. » Il a, avant l'heure, le goût des images et le sens des formules.

Préfigurant la technique de campagne de Jean Lecanuet en 1965, il sera bon à la télévision et très présent dans la presse. Pourtant, en matière de symbole, lui ne s'apparentera pas à un grand homme d'État mais jouera... sur son pull.

On imagine difficilement la place que ses tricots auront tenue dans la campagne.

Paris-Match, vendu à cette époque à 1 200 000 exemplaires, publie en 6 photos l'étonnant strip-tease de Pierre Poujade avec ce commentaire : « Poujade est en débraillé. Il porte un gilet de laine grise à manches, tricoté à la machine, sur une chemise ouverte. On voit de ces tricots aux teintes tristes à l'étalage de toutes les merceries de province. Sur les épaules de Poujade, ce tricot mécanique a la valeur d'un symbole : c'est le signe par lequel se reconnaissent les petits boutiquiers français qui refusent de faire faillite en face des magasins à prix unique éclairés au néon. »

Aussi inspiré, *France-Dimanche* écrit à partir du fameux pull : « Il a le même gilet de laine qu'eux, un gilet de laine grise en tricot machine qu'ils ont acheté sur le marché la semaine dernière. » La semaine suivante, le même support revient à la charge avec « Le plus étonnant strip-tease de la campagne ». Le pull est, cette fois-ci, tricoté par la femme du candidat. On verra d'ailleurs Mme Poujade, dans la presse illustrée, en pyjama, préparer une inhalation à son mari.

Une telle photo n'a rien d'artistique. Elle correspond pourtant à l'image de l'homme simple, proche, sauveur des braves gens, abondamment vendue par les médias de l'époque. On verra aussi sa vieille mère aux cheveux blancs embrasser Pierre Poujade en lui disant : « Va, mon fils. »

En dehors des émissions officielles à la télévision et du pull de M. Poujade, la campagne comprend également quelques disques et des films de propagande dans les cinémas.

Tandis que Pierre Mendès France se contente d'enregistrements de ses déclarations, Poujade, toujours lui, sort un disque avec de la musique et des chansonnettes. Le cinéma est essentiellement utilisé par le parti radical et la S.F.I.O.

Les réunions publiques restent un moyen privilégié du contact avec les électeurs. Il y en a plus de 600 rien qu'à Marseille. Le rôle du réseau, c'est-à-dire l'activité des militants et des sympathisants, s'affirme également comme une constante de la communication politique. Les communistes profitent des élections pour développer leur recrutement. Les poujadistes s'appuient sur de précieux relais d'opinion : les commerçants et les voyageurs de commerce.

Du côté des campagnes sur le terrain, les regards se portent vers MM. Dassault et de Bénouville, dirigeants de *Jours de France.* Dès l'époque, un numéro spécial de cette revue est diffusé gratuitement, notamment dans les Alpes-Maritimes et en Ille-et-Vilaine, où ils sont respectivement candidats.

Mais la palme de l'innovation revient à Robert Hersant. A la campagne du candidat dans l'Oise, déjà, on donne le qualificatif de « à l'américaine ». Publicité, camp de vacances pour enfants, souscription à des clubs, visite de grandes vedettes, présentation de films en avant-première..., le futur magnat de la presse développe la campagne la plus spectaculaire. Ses électeurs y prennent goût puisqu'il est élu...

puis invalidé... mais réélu avec un nombre de voix plus élevé encore.

1965 : année du spectacle politique

La campagne présidentielle de 1965 a, en fait, commencé deux années plus tôt, très précisément le 19 septembre 1963. Dans un éditorial remarqué, Jean-Jacques Servan-Schreiber précise les caractéristiques de Monsieur X, le futur candidat à opposer au général de Gaulle ou à celui qui prendra sa place.

Les observateurs considèrent que ce portrait-robot colle parfaitement à la personnalité de Gaston Defferre. Le maire de Marseille annonce, d'ailleurs, le 18 décembre de la même année qu'il sera candidat. Deux ans à l'avance, c'est un record en la matière. Le 12 janvier suivant, Gaston Defferre précise les grandes lignes de son programme, parcourt la France et se rend même... aux États-Unis. Le projet de grande fédération fera long feu devant l'opposition de Guy Mollet et de Pierre Mendès France qui déclare à propos de la campagne de Gaston Defferre : « C'est du gaullisme et nous n'en voulons pas. »

Déçu de cette mésaventure, le M.R.P. cherche un candidat. On évoque les noms de Louis Armand, Pierre Sudreau, Antoine Pinay. On parle aussi de Maurice Faure. Mais, le 19 octobre 1965, Jean Lecanuet se déclare candidat « démocrate, social et européen ». Le 1er novembre, le comité national du M.R.P. approuve sa candidature.

En fait, la campagne du candidat du centre a été préparée dès l'été. Une note du 7 septembre du comité des démocrates en fixe le cadre. Trois thèmes prioritaires sont retenus : l'Europe, le retard français, la décentralisation. Les cibles sont clairement identifiées :

— l'électorat du centre,
— les mécontents,
— les européens et les intellectuels,
— les notables,
— la jeunesse.

Un thème sera abordé dans chacun des grands meetings du candidat. Par prudence, les premiers déplacements se feront dans les départements favorables, où Jean Lecanuet pourra roder ses interventions.

Pour éviter les critiques concernant le retour à la IVe République, les rédacteurs de la note suggèrent de rendre hommage à de Gaulle sur la Constitution de 1958 et la stabilité politique. Pour se démarquer de la candidature Pinay qui a fait grand bruit, ils recommandent d'insister sur « la jeunesse et le dynamisme de Jean Lecanuet ». Pour ébranler bon nombre de classes moyennes, ils songent « à affoler l'épargnant ou, du moins, à l'inquiéter en soulignant la baisse de la Bourse depuis trois ans ». Pour faciliter le soutien de la presse, ils vont même jusqu'à émettre une proposition curieuse pour un candidat moderne. Il s'agit de prendre position contre l'introduction de la publicité à la télévision.

Le 11 octobre, les principaux animateurs de la campagne se réunissent. Il y a là MM. Anglade, Assouad, Garcia, Latcha, Schafter et Fauchon. Le compte rendu de cette rencontre, daté du 12 octobre, est sans équivoque : « Le candidat peut être considéré comme une matière première à partir de laquelle il y a lieu d'élaborer un produit susceptible d'intéresser la clientèle à laquelle il est destiné. Il faut transformer la personne du candidat en une histoire attrayante dans son déroulement et dont les éléments sont autant de symboles qui doivent correspondre aux idées force du programme. » Exemple : « le verre de lait de Mendès France ».

Par manque de moyens financiers, le choix du groupe se porte sur une organisation rationnelle de campagne, des réunions et manifestations conçues comme un spectacle politique, l'activité des militants et des volontaires, une préparation intense des émissions de radio et de télévision. « Il est exclu, étant donné l'insuffisance des délais, d'obtenir le concours d'une entreprise de publicité jouissant d'une qualification suffisante. »

L'organigramme de campagne reflète ce dispositif.

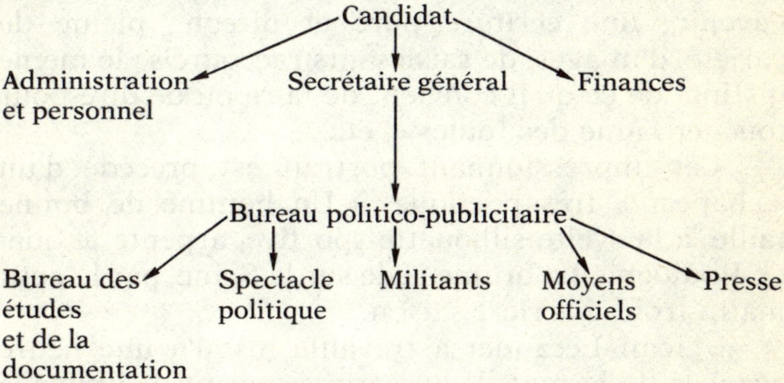

Le plan de campagne initial est, pour l'essentiel, respecté. Dès le 3 novembre, Jean Lecanuet entame son programme de réunions à Boulogne (côté bois). Jeunes hôtesses souriantes, circuit de télévision intérieur... le spectacle politique commence. Il ne cessera plus jusqu'au 5 décembre.

Le Figaro du lendemain rend compte en ces termes : « A cette salle le candidat voulait offrir, en somme, l'image d'un Kennedy français, sympathique, jeune, le physique agréable, le sourire largement déployé, le geste ample, la pochette bien en vue sur un costume impeccable. »

La propagande du candidat développe abondamment ce parallèle. Dans la brochure de campagne, il est écrit : « Irrésistiblement le jeune candidat démocrate fait penser à une figure de proue, un chef d'État, John Fitzgerald Kennedy. C'est le même aspect de jeunesse sérieuse et dynamique. Entre eux, que d'étonnants traits communs ! » Et de mentionner : « la culture, l'héroïsme devant l'ennemi, l'expérience de la souffrance physique, la hardiesse, l'acceptation du risque utile, une vitalité de feu, l'intelligence vivace et hardie, un sens politique hallucinant, une éthique semblable et cette stature jeune, sportive, pareille à un grand signe en V vers l'avenir ; une écriture pure et directe, pleine de variété, d'images, de saisissants raccourcis ; le même instinct de ce qu'il convient de faire ou de dire pour toucher l'âme des foules », etc.

Cet impressionnant portrait est précédé d'un « chapeau » très poétique : « Un homme de bonne taille, à la svelte silhouette sportive, arpente le quai de Boulogne. La brume rôde sur la Seine, par le petit matin froid d'arrière-saison.

» Jean Lecanuet a travaillé jusqu'à une heure avancée de la nuit. Il lui arrive souvent d'oublier le sommeil, lorsqu'il est ainsi plongé dans ses dossiers, sous la lampe, le stylo à la main, dans la solitude et l'absolu silence qui forment contraste avec le tumulte ardent des journées de combat.

» Il eût sûrement préféré dormir davantage, mais dans un moment il devra reprendre l'avion et l'hélicoptère, comme il le fait si souvent, au cours de sa tournée acharnée à travers la France. »

La carte postale présentant Jean Lecanuet au visage avenant, le plus jeune des candidats, rappelle qu' « on l'appelle aujourd'hui le Kennedy français ».

Les réactions n'ont évidemment pas manqué à ce style quelque peu pompier. Dans *le Monde* daté du 25 novembre, Gilbert Cesbron laisse aller sa plume : « L'un des candidats n'a-t-il pas cru devoir faire écrire de lui, dans une brochure, dont la démagogie illustre mon propos, qu'il est en quelque sorte un Kennedy français ? Un tel slogan donnerait à n'importe qui l'envie de crier : vive de Gaulle ! Comment des hommes estimables laissent-ils leurs propagandistes utiliser les arguments et les formules dont un marchand de savons ne voudrait plus ? »

Les dirigeants de l'U.N.R. ne seront pas en reste devant « l'inénarrable M. Lecanuet » lancé avec « son air de saint Jean Bouche d'Or » comme « une lessive ».

Au-delà de ces polémiques et peut-être en partie grâce à elles, la campagne de Jean Lecanuet suit son cours. Les réunions font salle comble. Les notables finissent les uns après les autres par prendre position. Même Pierre Pflimlin, dont on se demandera jusqu'au dernier moment s'il accueillera le candidat à Strasbourg, se déclare en sa faveur.

L'une des principales innovations de la campagne est d'ailleurs l'exploitation des déplacements dans la presse régionale dont le poids est considérable en province. Sous l'autorité de Michel Bongrand, des dossiers différents assortis de photos « originales » sont systématiquement adressés aux grands quotidiens régionaux. La spécificité de ces documents facilite leur reprise.

Le rôle du « pape du marketing politique » dans la campagne reste d'ailleurs aujourd'hui très controversé. Pour Jean Lecanuet : « Bongrand a très bien choisi les photos pour la presse régionale. » Beau joueur, l'ancien dirigeant de « Services et Méthodes » a coutume de dire : « Je n'ai pas lancé Jean Lecanuet, c'est lui qui m'a lancé. »

En matière d'innovation, il était prévu d'aller plus loin encore, notamment avec l'opération « Feu vert pour la France nouvelle, l'Europe, la Jeunesse ». Le projet était le suivant, comme l'indique une note du 18 novembre 1965 :

« Dans sa dernière allocution télévisée, M. Lecanuet conclura dans des termes approchants :

» — Français, Françaises, le 5 décembre, vous donnerez le feu vert à la France, le feu vert à l'Europe, le feu vert à la jeunesse, pour un avenir..., etc.

» 1. Et le lendemain matin, dans deux grandes villes de France, à Strasbourg et à Lyon, sans qu'apparemment aucun mot d'ordre ait été donné, mais d'une façon spontanée, populaire, les habitants ont la surprise de se réveiller dans une ville verte.

» Dans l'une d'elles ont été répandus des milliers de confetti verts ; dans l'autre ont été collés des ronds, des carrés de papier vert ou de peinture verte.

» 2. Et cet événement, abondamment commenté par l'ensemble de la presse nationale et régionale, devient l'événement le plus important de la campagne quand, le lendemain, ce sont alors une quinzaine de villes, les quinze plus importantes de France, qui, chacune d'une façon originale, témoigneront de leur accord avec M. Lecanuet.

» Peuvent être ainsi imaginés des boutonnières vertes, des drapeaux verts aux fenêtres, des cravates vertes, des fontaines publiques dans lesquelles ont été glissées des pastilles de teinture verte.

» Du haut de la tour Eiffel, un audacieux aura réussi à mettre également une immense oriflamme verte. »

Le spectacle n'ira pas jusque-là, ELF saura matérialiser l'idée plus tard avec ses fameux ronds rouges.

La fin de la tournée en France atteindra un véritable apogée. Le mardi 1er décembre, Jean Lecanuet réunit près de 10000 personnes au Palais des Sports... pour leur faire écouter de Gaulle sur un vaste écran. La fin du discours télévisé du chef de l'État est saluée de sifflets et de huées. Jean Lecanuet apparaît alors sous la lumière d'un projecteur de poursuite. Il répond au président de la République : « Soyez en paix, mon général, la France continuera. »

Mais c'est évidemment la télévision qui a permis à Jean Lecanuet de s'imposer.

« Il suffit de le voir apparaître sur l'écran de la télévision pour qu'aussitôt on soit frappé par sa présence et son dynamisme. » Sur ce point, au moins, la propagande du candidat du centre n'est pas contestée. Celui-ci s'est préparé à l'épreuve des médias avec un petit groupe de spécialistes puis en se mettant trois jours au vert pour méditer et travailler ses interventions.

Il a bénéficié d'une double conjonction :

— l'irruption spectaculaire de la télévision dans la campagne électorale ;
— l'effacement du général de Gaulle qui n'a pas voulu « s'abaisser à être un candidat comme les autres ».

Le chef de l'État s'est enfin résolu à enregistrer une intervention d'un quart d'heure en fin de campagne du premier tour. Sous la pression de ses supporters, il ne commettra pas la même erreur au second tour.

Les programmes de télévision de l'époque précisent d'ailleurs que l'intervention offerte au général de Gaulle est remplacée... par un programme de variétés.

L'attrait pour les émissions officielles est tel que les théâtres parisiens retardent l'heure du lever de rideau. Certaines salles comme la Michodière et Édouard-VII installent des téléviseurs dans leur hall.

Réglementées par une commission nationale de contrôle, les interventions des candidats sont préenregistrées « afin d'éviter les incidents techniques ». Le décor peut être personnalisé (par exemple une bibliothèque pour Jean Lecanuet) mais non politisé. Ni film, ni montage, ni famille, seuls des représentants de parti ou de groupement sont tolérés et, par extension, un journaliste peut assurer l'interview du candidat.

Après la première série d'émissions réalisées, la Sofrès réalise pour *l'Express* une enquête nationale. Les sondages font une entrée en force dans notre vie politique nationale. 51 % des personnes interrogées ont regardé la télévision. Confirmation de l'attente du spectacle politique, les meilleures audiences sont celles de Jean Lecanuet (36 %) et Jean-Louis Tixier-Vignancour (35 %). M. Mitterrand se contenta de 26 % d'audience.

La réussite des prestations de Jean Lecanuet est confirmée par l'impact. 51 % se déclarent plus favorables après l'émission. 10 % seulement sont d'un avis contraire. Pour François Mitterrand, les chiffres sont respectivement de 39 et de 26 %.

Paradoxalement, 68 % des personnes interrogées déclarent qu'elles n'ont pas l'intention de regarder les autres émissions. Ce résultat amène de l'eau au moulin des spécialistes qui considèrent, suivant en cela l'école américaine, que l'opinion des téléspectateurs se fait dès les premières émissions. Il montre à quel point le général de Gaulle a eu tort de monter tardivement au créneau.

Audience, impact et même modification du choix : un autre sondage réalisé par le Centre d'information civique indique que la campagne à la télévision a modifié l'opinion de 29 % des Français. On comprend ainsi pourquoi le général de Gaulle, crédité de 69 % des intentions de vote par la Sofrès en octobre, passera à 48 % fin novembre pour finalement réaliser un score de 43,97 %.

On comprend aussi la remarquable percée de Jean Lecanuet. De 3 % fin octobre dans les sondages de la Sofrès, Jean Lecanuet passe à 8,5 % puis 14,5 % en novembre. Début décembre, il est à 17,5 % pour réaliser, en définitive, un score de 15,37 %. A titre de comparaison, Antoine Pinay, pourtant très sollicité, était crédité de 10 % des voix dans les sondages, ce qui, d'ailleurs, faisait écrire imprudemment à *l'Express* : « Le M.R.P. ne peut pas se permettre une autre candidature que celle de M. Pinay s'il ne veut pas être écrasé. »

Sur ces bases, on peut effectivement considérer la campagne de 1965 comme la première d'un nouveau style.

Jean Lecanuet en a été, à la fois, le bénéficiaire et la victime. Les phénomènes d'accélération des médias — on dirait aujourd'hui le look — donnent des résultats mais construisent des clichés qui vous poursuivent longtemps.

« J'ai voulu cette campagne et ensuite elle m'a porté », me dira, vingt ans plus tard, le président de l'U.D.F.

Jean Lecanuet a gagné là tout le bénéfice et le tribut des [illegible] des médias — on dirait aujourd'hui le look — donnant des résultats [illegible] des effets qui [illegible] singuliers.

CHAPITRE II

La politique consommée

Les réunions, manifestations et cérémonies, l'activité du réseau de militants et de sympathisants, le rôle de la presse, la publicité (notamment l'affiche), l'ouverture progressive à l'audiovisuel, cinéma, radio, puis télévision..., voici planté, au fil des siècles, le décor de la communication d'aujourd'hui.

Les médias sont de plus en plus nombreux. Ils touchent de plus en plus de monde. Le niveau d'information augmente. La concurrence des messages de toute nature, et singulièrement ceux de la publicité commerciale, oblige tout émetteur d'opinion à une mise en forme efficace.

La politique ne peut plus seulement se faire en vase clos, entre initiés, du haut de leurs bureaux. Elle devient aussi un objet de communication, un spectacle.

Des guides d'opinion aux mass media

L'étude menée en 1940 durant la campagne présidentielle américaine de Roosevelt par MM. Katz et Lazarsfeld est la première du genre. Elle fait encore autorité en la matière.

la communicat° inter-personnelle + leader + info ≠ valable today

La majorité des personnes disant avoir changé d'opinion au cours de la campagne déclaraient l'avoir fait en fonction des conversations avec leur entourage, parents, collègues, voisins, etc. Les spécialistes américains ont donc considéré que la communication interpersonnelle était plus importante que l'influence des mass media. Selon eux, un certain nombre d'initiés plus au courant, mieux informés, se transforment en guides d'opinion et orientent leur entourage.

De nombreux observateurs continuent à pencher pour cette thèse qui peut paraître rassurante et évite aux hommes d'information de s'attribuer des pouvoirs excessifs.

Elle me paraît aujourd'hui largement dépassée.

Cette étude a été conduite bien avant l'explosion de la télévision et son irruption dans la quasi-totalité des foyers. D'ailleurs, dès 1964, Katz admet qu'il existe des domaines où l'influence des médias s'exerce directement sur l'opinion sans passer par le filtre des guides. Il lui avait aussi fallu reconnaître que bien des informations de départ reprises par les relais d'opinion étaient véhiculées par les médias.

Il y a trente ans, dans notre pays, les opinions se formaient effectivement en fonction de l'éducation, du milieu social, de la pression familiale. On faisait référence à de grandes idéologies. On écoutait quelques relais, et notamment le curé, l'instituteur, le notaire, le médecin, le vétérinaire. Émis individuellement, le vote était largement conditionné par l'environnement.

Aujourd'hui, les valeurs collectives s'effilochent. L'influence familiale est plus faible. Les idéologies font faillite. Les moyens de communication de masse atteignent directement et simultanément des millions, voire des dizaines de millions de Français.

Si les relais d'opinion gardent de toute évidence

un rôle, celui-ci est considérablement réduit par rapport à l'après-guerre.

Sa Majesté télévisée

Aujourd'hui, 92 % des foyers français sont équipés d'un poste de télévision (dont 65 % en couleurs). En moyenne, chaque téléspectateur regarde le petit écran quatre heures par jour. 80 % des Français de plus de quinze ans regardent la télévision au moins une fois par jour.

L'étude réalisée pour le ministère de la Culture en 1981 sur les pratiques culturelles des Français confirme ces chiffres. L'écoute de la télévision par 82 % des personnes interrogées pulvérise toutes les autres démarches, loin devant les sorties le soir (64 %), l'utilisation d'un électrophone ou d'une chaîne (54 %), d'un appareil photo (47 %), la lecture d'un quotidien (46 %) et... la fête foraine (43 %).

Nous ne disposons guère d'enquêtes concernant le rôle de la télévision dans la formation des opinions sur le long terme.

Deux écoles s'opposent. Celle de Serge Tchakhotine qui considère dans son livre *le Viol des foules par la propagande politique* qu'il est possible de modifier les convictions populaires grâce aux moyens modernes de propagande. Cela se révèle exact lorsque tous les moyens d'information et donc de désinformation sont tenus en main par le pouvoir. C'est justement ce qui fait dire à l'autre école, conduite par la plupart des politologues, que, dans une démocratie, la télévision n'a pas le pouvoir de modifier les opinions préexistantes. Selon eux, elle se contente d'accentuer et d'accélérer les mouvements d'opinion, de faire surgir des préoccupations nouvelles.

La réalité se situe probablement au point de rencontre de ces deux analyses. Le pluralisme des moyens d'information, presse, radio, télévision, limite les dangers de manipulation. Il n'en reste pas moins vrai que, chaque soir, 25 millions de Français regardent les journaux télévisés des trois chaînes. Ils reçoivent les mêmes images. Ils sont conditionnés par les mêmes symboles. C'est de cela qu'ils parlent en famille et le lendemain au bureau, à l'usine ou dans les champs.

Il est impensable de nier qu'une telle pratique influence la composition des images des leaders, donc l'évolution des opinions à leur égard.

Nous disposons, par contre, d'études très précises sur l'influence de la télévision durant les campagnes électorales. Limitée à ces quelques semaines, elle n'est pas mince.

En 1960, Kennedy affronte Nixon. A l'issue de l'émission, un panel de 120 Américains attribue au jeune candidat démocrate deux qualités qui ne lui étaient pas accordées au début : travailleur et expérimenté. Dans le même temps, Nixon voit s'effondrer son image de « débatteur télévisé ».

Une autre enquête réalisée auprès de 95 électeurs de New York nous fournit une passionnante indication. En fin de débat, Nixon maintient à peu près son score initial, mais Kennedy gagne 10 électeurs, dont 8 indécis. Un sondage Gallup complète ces différents enseignements. Après le premier débat, l'image de Kennedy paraît meilleure à 45 % des personnes interrogées, moins bonne à 5 % seulement. Le score est respectivement de 10 et de 29 % pour Nixon.

En 1964, les Anglais se passionnent pour la campagne électorale. Selon l'étude de Mac Guail, les émissions télévisées ont modifié l'image que les électeurs se faisaient des leaders en présence. La cote du leader conservateur baisse. Celle d'Harold Wilson, vainqueur de la compétition, monte.

En 1965, j'y ai déjà fait référence, 51 % des personnes interrogées affirment avoir une meilleure opinion de Jean Lecanuet après les émissions officielles. Ce n'est tout de même pas par hasard que, parti de 4 % dans les sondages, le candidat du centre a fait plus de 15 % des voix.

Dans leur ouvrage *La télévision fait-elle l'élection ?* Blumler, Cayrol et Thoveron indiquent qu'en 1974 et 1975 91 % des Français, 76 % des Belges et 63 % des Britanniques ont suivi, au moins de temps en temps, leur campagne électorale respective à la télévision.

Un sondage I.F.O.P. confirme qu'en 1974 61 % des Français suivent avec intérêt les émissions à la télévision et 36 % à la radio.

Parmi ceux qui suivent la campagne, les motivations sont dans l'ordre :

— voir ce qu'un parti fera s'il arrive au pouvoir ;
— se tenir au courant des grands problèmes ;
— aider à faire un choix ;
— le plaisir de suivre la lutte électorale.

Dans toutes les études, la télévision apparaît de très loin comme le média leader pour chacune des motivations qui viennent d'être exprimées.

Toujours en 1974, l'I.F.O.P. teste les qualités de communication des principaux candidats. On voit dans les réponses se dessiner les résultats de l'élection, un match serré Mitterrand-Giscard :

QUESTIONS	François Mitterrand	Valéry G. d'Estaing	Jacques Chaban-Delmas
— A-t-il trouvé un bon ton de voix ?	58 %	58 %	35 %
— Donne-t-il l'impression d'improviser et non de réciter un texte ?	46 %	50 %	35 %
— Le trouvez-vous suffisamment concret ?	47 %	45 %	35 %
— Le trouvez-vous naturel ?	51 %	55 %	35 %
— Le trouvez-vous ennuyeux ?	20 %	19 %	22 %
— Le trouvez-vous plus sympathique qu'avant ?	42 %	34 %	19 %
— Vous paraît-il, quelles que soient vos préférences politiques, plus apte que vous ne le pensiez à être président de la République ?	51 %	50 %	31 %

On peut tirer les mêmes conclusions des enquêtes réalisées au lendemain du débat télévisé Giscard/Mitterrand lors de la campagne du second tour. L'audience de l'émission a été évaluée à 23 millions de Français. Dans le sondage réalisé par la Sofrès, dès le lendemain, le débat a rendu 33 % des électeurs plus favorables à Giscard, contre 26 % à François Mitterrand. Le vainqueur du débat était Giscard à 47 %, Mitterrand à 35 %, ni l'un ni l'autre à 18 %. Dans le sondage électoral fait le lendemain, Giscard passe de 50 à 51,5 % en intentions de vote, Mitterrand de 50 à 48,5 %.

Sept ans plus tard, des enquêtes de même

nature font apparaître la lassitude de l'électorat, la crise de confiance à l'égard du système politique. Nous en reparlerons. Elles continuent également d'indiquer le choix de la télévision comme média leader.

Les deux tiers des personnes interrogées déclarent être peu ou pas du tout intéressées par les émissions télévisées de la campagne officielle. C'est un score inverse à celui de 1974. Plus l'âge augmente, plus l'intérêt croît pour décliner ensuite à l'âge de la retraite.

Les raisons invoquées sont, dans l'ordre :

— je préfère regarder la télévision pour me détendre ;
— j'ai déjà fait mon choix ;
— je n'apprends rien de nouveau.

Parmi les Français qui s'intéressent aux émissions, la fonction d'information reste prioritaire (connaître les arguments et les comparer, se tenir au courant, recevoir les programmes). Vient ensuite la fonction spectacle de la campagne, en particulier pour voir comment sont les hommes politiques. Enfin, 7,6 % des téléspectateurs déclarent que cela les aidera à faire leur choix au moment du vote.

Aux émissions officielles sont préférés les débats et les journaux télévisés. L'importance de la confrontation entre Valéry Giscard d'Estaing et François Mitterrand au second tour des élections présidentielles de 1981 est confirmée avec éclat par 64 % des personnes interrogées. Le match de la revanche de 74 laisse apparaître, lui aussi, les résultats de l'élection. François Mitterrand est jugé plus convaincant, plus original, plus proche des électeurs, moins ennuyeux et moins agaçant que Valéry Giscard d'Estaing.

Enfin, à l'issue de la campagne du premier tour,

7 % des électeurs ont reconnu que leur intention de vote avait été modifiée par les émissions à la télévision.

Ces quelques % d'électeurs suffisent largement à faire basculer le choix d'un président de la République comme d'une majorité parlementaire. Ce fait justifie à lui seul l'importance donnée à la communication. Mais, au-delà de cette photographie, il est probable qu'une partie beaucoup plus importante du corps électoral a fondé son opinion, avant l'ouverture de la campagne électorale, sur les informations en provenance des médias.

René Rémond écrit que rien n'autorise à affirmer que la télévision ait une influence déterminante sur le comportement électoral — et il précise : « nous ne disons pas les opinions ». Bien des sociologues américains, eux-mêmes, sont de cet avis, et considèrent comme limité et négligeable le potentiel d'influence et de persuasion des mass media.

Pourtant l'élection du président de la République au suffrage universel porte en germe, dès 1965, la personnalisation du pouvoir qui entraîne le vedettariat télévisé en même temps qu'elle s'en nourrit. Il est pour le moins troublant que le meilleur des concurrents des débats contradictoires de 1974 et de 1981 ait été élu président de la République. Peut-on douter un instant que la victoire de Kennedy en 1960 ait d'abord été celle de son premier débat télévisé avec Nixon ?

Ces expériences nous amènent à constater qu'il existe un lien étroit entre l'image des leaders, la formation des opinions et l'acte de vote. La télévision étant le média prioritaire de constitution et d'entretien de ces images, son influence est de ce fait décisive.

Un média de séduction

Vingt heures. Le journal télévisé commence. Roger Gicquel annonce le plan d'aide aux petites et moyennes entreprises que vient de décider le gouvernement. Après ces explications, la rédaction a préparé un sujet. Vient ensuite une interview du Premier ministre. De ces cinq minutes d'information devant plusieurs millions de téléspectateurs, il restera dans les enquêtes réalisées à chaud un symbole, une image : « Nous n'aiderons plus les canards boiteux. »

La politique française avance au rythme des petites phrases. Souvenez-vous : la minute de silence de Jean-Marie Le Pen, le « Lui c'est lui, moi c'est moi » de Laurent Fabius ou le « Je pars demain en Nouvelle-Calédonie » de François Mitterrand. On pourrait même remonter au « monopole du cœur », au « tracassin » et à la « chienlit ».

Si l'on veut que le message ait une chance de passer, il faut éveiller l'intérêt, retenir l'attention, créer l'implication. L'explication ne peut venir qu'en second. Ne pas admettre cela, c'est ne rien comprendre à la communication moderne.

La première difficulté est bien de recréer, même artificiellement, une spontanéité, une intimité avec celui qui vous écoute. Vous n'avez pas en face de vous 10 millions de téléspectateurs mais un téléspectateur 10 millions de fois.

Communiquer, c'est mettre en rapport un émetteur et un récepteur. Sur ce drôle de ring électronique, nous trouvons un leader qui a un message à délivrer. Il est totalement motivé. C'est généralement un professionnel qui connaît ses dossiers et consacre toute sa vie à son activité. Il a ses ambitions, ses angoisses aussi. Il s'adresse à une opinion qui le reçoit de loin quand elle ne le prend pas de haut. Pour elle, la politique, ce n'est qu'un moment de la journée, une des dimensions de la vie, une motivation partielle. C'est bien pourquoi en deux minutes ou en vingt-cinq secondes il n'est pas possible d'expliquer, pas même vraiment de convaincre, seulement de séduire. L'essentiel est de faire passer une émotion, un symbole, une image.

Mettons-nous un instant dans la peau d'un leader à la télévision. Studio, lumière, caméras, top départ. Il doit devenir frais, dispos, sympathique, imaginer derrière l'objectif glacial une vie, des partenaires, un auditoire. C'est, chaque fois, l'oral du bac synthétisé en quelques secondes. Il faut parler à quelqu'un pour être convaincant. Sur le petit écran, on ne s'adresse à personne en communiquant avec tout le monde. Pour mieux comprendre la difficulté, essayez donc de vous adresser à une caméra.

Le défi du langage efficace, c'est parler simplement, mais pour dire quelque chose.

Parler simplement, c'est essentiellement utiliser le français quotidien, les 1 500 mots les plus utilisés par les Français. Ce sont les mots qu'ils comprennent et retiennent.

Parler efficacement, c'est limiter la communication rationnelle, les explications techniques, les chiffres. C'est préférer la communication impressionniste, les émotions, les sentiments, les anecdotes, les éléments de vécu. C'est cela que les auditeurs et téléspectateurs retiennent. C'est un message qui les touche, parle à quelqu'un, dans son langage, au cœur de sa vie quotidienne. C'est d'ailleurs ainsi que chaque Français s'exprime.

Toutes les analyses conduites à l'issue d'une émission vont dans le même sens. Les groupes de téléspectateurs réunis dans toute la France restituent, le plus souvent, les mêmes images, les mêmes symboles. L'anecdote des canards boiteux en est une illustration.

Nous sommes amenés à travailler régulièrement avec les meilleurs spécialistes français de la lexicologie, animés par le professeur Jean-Marie Cotteret. Il est possible aujourd'hui de programmer une émission idéale. Le message central doit être abordé au début et repris à la fin. La capacité de réception semble la plus élevée en ouverture des séquences. L'homme politique doit se concentrer sur les trois ou quatre thèmes qu'il veut faire passer et ne pas hésiter à les répéter. Chacun de ces points doit être abordé sous la forme d'une image, d'une formule, d'un slogan qui éveille l'intérêt et frappe l'imagination. Ces images, formules et slogans feront passer le message à la télévision ou à la radio. Ce sont eux qui seront repris ensuite par la presse.

Plutôt que de parler des prix agricoles, mieux vaut raconter une conversation avec un agriculteur. Au lieu d'évoquer les courbes du commerce extérieur, il est préférable de citer en exemple un responsable de P.M.E. Un mot d'humour est supérieur à toutes les explications techniques. Ce terrain est largement vierge. Les hommes politiques ne sont pas très drôles. J'attends celui qui répondra à une question par un énorme éclat de rire.

Les chiffres doivent être le moins nombreux possible. Comment un Français moyen peut-il faire la différence entre 5 et 100 millions de francs ! Cela ne fait pas partie de ses calculs quotidiens. En plus, il ne sait jamais si on lui parle en anciens ou en nouveaux francs. L'habitude a, en effet, été prise de parler des réalisations en centimes et de l'impôt en francs. Il est indispensable de présenter, dans ce cas, un élément de comparaison pour montrer l'importance du chiffre. On peut se référer à l'ensemble de la production agricole ou à la totalité de l'impôt sur le revenu. Toujours l'image.

Les mots simples, les messages forts répétés, les images, les chiffres rares et comparés doivent être servis par une élocution équilibrée. Le bon rythme est de 100 à 200 mots/minute, selon les situations, l'atmosphère. En deçà, l'auditoire s'endort. Au-delà, il ne retient plus rien. Une étude des journaux télévisés a prouvé que les téléspectateurs ne mémorisent presque rien des nouvelles brèves. Le présentateur délivre beaucoup trop d'informations dans un laps de temps trop court.

Toutes ces observations sont confirmées par les recherches passionnantes réalisées aux États-Unis et réunies par Monica Charlot.

Pour les Américains, le hit-parade des qualités audiovisuelles est :

— la chaleur humaine ;
— la conviction ;
— la sincérité ;
— l'intelligence.

La chaleur humaine est exprimée par des plissements d'yeux, par le maintien, la tonalité de la voix et un langage sans façon. Elle est détruite par une tension intellectuelle ou simplement physique, une voix trop forte, un langage pompeux, l'absence d'intérêt pour ceux à qui l'on parle.

La conviction est communiquée à l'auditoire si l'orateur est lui-même persuadé que son discours est, à la fois, intéressant et important, qu'il est le fruit de sa propre réflexion, de ses sentiments, de son expérience. Cela se sent, à la fois, dans la pose de la tête, dans le regard et dans la voix. Elle ne passe plus si le regard flotte et si l'argumentation se délaye.

La sincérité est mise en évidence par la spontanéité des réactions, la consistance, l'assurance des gestes et de la voix. Elle n'est pas liée à la beauté de l'argumentation ou à sa richesse. Elle n'apparaît plus dès lors que, faute de préparation, l'interview est décousue ou frustrante, quand l'esprit est occupé par la remémoration d'un résumé, quand on ne regarde pas ceux à qui l'on parle.

L'intelligence se sent quand on parle d'expérience, selon ses propres observations. Elle n'est pas évidente quand on répète des formules toutes faites, sur des généralités et abstractions, quelle que puisse être la profondeur de ces formules.

Il est donc clairement établi qu'une bonne prestation télévisée s'obtient dans l'équilibre entre l'expression de la personnalité profonde et une bonne préparation technique.

Les grands shows médiatiques que nous a offerts Yves Montand à la télévision sur la crise ou la guerre en sont la parfaite illustration. Une force de conviction servie par une mise en scène efficace conduisent à une forte audience, permettent un impact considérable et, mieux, poussent à une réflexion en profondeur. Seul problème, mais de taille : ces grands moments de télévision, pour ne pas être des bouteilles à la mer, doivent se poursuivre. J'ai suggéré à Yves Montand, pour la fin de l'année, un grand débat avec la jeunesse. Quand le talent rime avec l'engagement, nous avons encore devant nous de belles soirées en perspective.

Dire quelque chose impose d'avoir les idées claires, de refuser les phrases toutes faites, de renoncer à la démagogie. Il y a deux catégories d'hommes politiques. Ceux dont on peut finir les phrases. Ils sont habituels, prévisibles, banals, inintéressants. Ceux qu'on écoute car ils expriment une conviction, éveillent des sentiments, quels qu'ils soient, ne laissent finalement personne indifférent.

Il est tout aussi évident que les idées ne se mesurent pas au poids des mots, au raffinement de la complexité. Le langage technocratique a été celui d'une élite qui se faisait d'autant moins comprendre qu'elle ne voulait pas s'expliquer. Prétendre imposer à l'opinion publique ses propres modèles socio-culturels, ses connaissances, sa technique, c'est mépriser les Français. Savoir faire partager son message, c'est associer le plus grand nombre à l'effort commun.

Quant à la langue française, elle n'est jamais plus belle que lorsqu'elle est accessible. Racine a écrit ses tragédies avec 1 200 mots !

Reste, enfin, l'apparence physique de l'intervenant. Certains s'indignent du raffinement avec lequel les hommes politiques préparent les émissions télévisées. Claude Marti a très bien dit un jour qu'il s'agit de la plus élémentaire politesse à l'égard des téléspectateurs. De la même façon qu'on s'habille pour aller dîner chez des amis en choisissant ses vêtements, on le fait pour la télévision qui vous fait entrer dans des millions de foyers. Le minimum est tout de même de se donner un air présentable.

Certes, les spécialistes considèrent la couleur bleue comme convenant le mieux aux éclairages. La plupart des hommes politiques revêtent l'uniforme. René Barjavel écrivait dans le *Journal du Dimanche* en 1974, à la suite du débat télévisé Giscard/Mitterrand : « Ce qui m'a frappé, d'abord, ce fut le bleu. Les deux futurs avaient chacun une cravate bleu foncé uni, exactement, m'a-t-il semblé, de la même couleur. »

De Georges Marchais à Michel Rocard, c'est la longue cohorte harmonieuse du look bleu azur.

La vérité m'oblige à dire que la couleur du costume est essentiellement affaire de teint, à la télévision comme ailleurs. Pour le reste, il est vrai qu'il convient d'éviter tout mariage criard, cravate chatoyante et, plus généralement, tous les objets qui détournent l'attention : montre gousset ou de plongée, épingle à cravate... On peut aussi vouloir choquer volontairement. J'ai déjà évoqué le pull de Pierre Poujade en 1956. On peut parler de celui de Giscard ou du cardigan de Carter en direct à la télévision américaine. Il est tout à fait probable qu'au fond de lui Jacques Chirac ait eu la même démarche en se rendant à l'Heure de Vérité avec une veste à carreaux et une chemise jaune. On en parle encore ! Laurent Fabius préfère, lui, le look tricolore. En septembre 1985, il participe à L'heure de vérité avec un costume bleu, une chemise blanche, une cravate bordeaux. La symbolique vestimentaire est claire ! Elle était nettement supérieure au costume clair, endossé lors du débat avec Jacques Chirac. Le Premier ministre voulait, sans doute, faire « jeune ». Il n'en est apparu que plus pâle encore, les yeux vides sous un maquillage outrancier.

le bleu la couleur de la TV

La sondagite

La consommation quotidienne des hommes et des idées à la télévision est accentuée par la multiplication des sondages. La France est le pays du monde qui publie le plus de sondages : deux par jour, en moyenne.

La plupart des études que nous réalisons sur le plan électoral restent confidentielles. Leur usage est interne. Il n'en n'est pas de même, depuis quelques années, avec la parution de baromètres et sondages de toute nature. Les médias ont trouvé là un palliatif à l'absence de marketing de presse sérieux. Il est plus facile de faire des « coups » que de s'imposer une véritable stratégie de développement commercial.

Il y a tout d'abord un problème de formulation des questions. Frédéric Bon en donne un exemple significatif à propos d'un sondage réalisé auprès des ouvriers, en 1970, afin de dégager l'image de marque de chaque grande centrale syndicale. On leur demande de choisir deux adjectifs qui s'appliquent le mieux à chaque syndicat.

Parmi les adjectifs proposés figure le qualitatif « bureaucratique », inclus afin de mesurer l'impact dans la classe ouvrière des campagnes d'extrême gauche à l'encontre de la C.G.T. L'échantillon des ouvriers interrogés attribue ce terme plus volontiers à F.O. (17 %) et à la C.F.D.T. (15 %) qu'à la C.G.T. (7 %). Commentaire *a posteriori* de l'auteur : « Résultat imprévu et pourtant fort compréhensible si l'on songe que dans la population ouvrière le mot de bureaucrate ne signifie pas homme d'appareil mais individu travaillant dans les bureaux. » Le poids des mots, le choix des réponses !

Il faut ensuite s'interroger sur les délais de publication. La Nouvelle-Calédonie offre un bon exemple d'illustration, non seulement de l'importance de la formulation, mais aussi des délais de publication. Le 9 janvier 1985, *la Vie* publie un sondage Louis Harris réalisé les 2 et 3 janvier. Il comprend une question principale : « Êtes-vous pour ou contre l'indépendance de la Nouvelle-Calédonie ? » Pour : 37 %. Contre : 19 %. Sans réponse : 44 %. *Paris-Match* publie le lendemain un sondage publié par B.V.A. entre le 13 et le 18 décembre 1984. Il comprend quatre questions dont : « Pour vous, la Nouvelle-Calédonie doit-elle rester plutôt française ou devenir indépendante ? » Française : 41 %. Indépendante : 30 %. Sans réponse : 29 %.

Mon ami Jérôme Jaffré, grand professionnel des

sondages, appelle délicieusement cela « dissociation entre les positions de principe et l'appréciation effective de la situation ». Il reste qu'il y a bien là contradiction des réponses sur le fond et imprudence à publier un sondage plusieurs semaines après sa réalisation.

Cette thèse est plus éclatante encore quand on sait qu'un journaliste de télévision donnera ainsi les résultats d'un sondage, toujours sur la Nouvelle-Calédonie, sans préciser qu'il a été effectué dix jours plus tôt. Entre-temps, des incidents graves, dont la mort d'Éloi Machoro, avaient pu singulièrement modifier la position des interviewés.

L'un des plus sérieux inconvénients de la sondagite est le décalage qui existe entre les précautions qui sont prises par les spécialistes pour réaliser et analyser une étude et la légèreté avec laquelle celle-ci est publiée et commentée. L'administration du sondage fait l'objet de règles très précises. Les instituts sérieux les respectent scrupuleusement. La Commission des sondages peut avoir accès à tout moment aux questionnaires des enquêtes publiées. Par contre, aucune règle ne s'applique à l'exploitation de ces sondages.

Les Français ne savent plus très bien si la cote des hommes politiques concerne leur image personnelle, leur compétence ou leur avenir. Certains commentateurs mélangent allégrement le tout. C'est pourtant une chose d'avoir une image sympathique d'un leader et une autre de voter pour lui ! (et vice versa).

J'ai consulté différents sondages réalisés en juin 1985 à propos de Laurent Fabius. Durant ce mois, 57 % font confiance ou plutôt confiance à Laurent Fabius pour résoudre les problèmes qui se posent en France (Sofrès). Il n'en reste déjà plus que 39 % pour « approuver la politique du Premier ministre » (Gallup), 38 % pour « être satisfait de Laurent Fabius comme Premier ministre » (Ifrès), chiffre ramené à 35 % par un sondage de l'I.F.O.P. avec une question identique. Ils ne sont plus que 27 % à être satisfaits non plus du Premier ministre lui-même mais des décisions prises depuis un mois par Laurent Fabius et le gouvernement (Ipsos) !

Trop de commentateurs n'ont aucune connaissance des techniques mises en œuvre et des conditions d'utilisation des sondages. On a vu durant l'été 1984 une éphémère association pour le référendum avorté de M. Mitterrand organiser sa publicité autour d'un sondage contesté. Cela n'a empêché ni la reprise des médias ni l'énorme campagne sur des milliers d'emplacements d'affichage. Il aurait fallu pouvoir saisir le Bureau de vérification de la publicité.

Régulièrement, des titres indiquent la montée ou la baisse de tel ou tel leader, à un 1, 2 ou 3 points près. C'est justement la marge d'erreur des sondages. J'ai même conservé un grand journal qui avait eu l'idée d'une enquête intéressante : Qui doit quitter le gouvernement ou y rester ? La coupure entre ceux qui restaient et ceux qui partaient se faisait à 1 % près. A l'époque, cela permettait tout juste de sauver M. Mauroy. Nous étions pourtant en plein dans la marge d'erreur. Le bon sens aurait voulu que les ministres soient classés en trois catégories : ceux qui restaient, ceux qui étaient en balance, ceux qui partaient. C'était certes moins spectaculaire mais beaucoup plus sérieux.

Dernier problème — et non le moindre — lié à l'exploitation des sondages. Est-il raisonnable de faire élire, au moins sur le papier, les candidats aux présidentielles par l'électorat adverse ? Est-il raisonnable de départager les concurrents de droite par une réponse purement fictive des électeurs de gauche et réciproquement ? Il s'agit là d'une désinformation caractérisée dont on voit bien qu'elle sert les leaders les plus populaires, mais avec des limites pourtant connues. L'épisode Rocard/Mitterrand de l'année1980, suivi de l'élection du 10 mai, en est une démonstration suffisante. Il serait sage, comme certains instituts commencent à le faire, de présenter systématiquement les résultats d'ensemble et ceux concernant chaque famille.

Au-delà de ces précautions techniques, la question principale est celle de l'influence des sondages. Dans une interview au *Matin de Paris*, le 10 juillet 1985, Jean-Marc Lech, directeur d'Ipsos, déclare : « Les sondages doivent rester des moyens d'expression. A aucun prix ils ne doivent devenir des moyens de pression. » Mais il ajoute quelques lignes plus loin : « Les sondages façonnent, chaque jour, un peu plus, notre démocratie. » Je pense que les sondages ont une influence presque nulle au moment de la campagne électorale. Ce qu'un candidat en tête gagne par phénomène de panurgisme du corps électoral, il le perd en démobilisation de ceux qui considèrent le combat comme gagné d'avance. Le sondage électoral constate les effets de la communication. Il ne les induit qu'à un faible degré.

Par contre, les sondages jouent sur le long terme un rôle important et positif dans l'information des Français et la confrontation des opinions.

C'est la maîtrise imparfaite de leur exploitation qui accentue le rejet actuel des hommes politiques par les citoyens.

Chaque semaine amène sa moisson de chiffres plus ou moins contradictoires. Les leaders sont traités à l'égal des monnaies. Ils ne cessent de monter et de descendre sur ce marché à la petite semaine. La lassitude gagne. L'usure s'accélère. Avant même qu'il n'ouvre la bouche, le leader s'est déjà exprimé... par cote d'opinion interposée. A trop abuser des sondages, on finit par leur enlever toute crédibilité. Ils sont d'ailleurs régulièrement contestés aussi bien par l'opposition que la majorité, singulièrement quand ils sont mauvais. Michel Poniatowski déclarait en 1978 : « C'est un problème préoccupant, car les sondages risquent de peser sur l'opinion. » On n'entend plus aujourd'hui l'ancien ministre s'exprimer à propos des sondages chaque jour plus défavorables à la gauche. Jack Lang lui répondait alors en écho : « Je suis foncièrement hostile à la pratique des sondages..., ils deviennent outils de manipulation et pervertissent la perception des choses et le fonctionnement des règles démocratiques. » On n'entend plus non plus de tels propos dans la bouche de l'un des membres les plus appréciés du gouvernement.

On continue, par contre, d'entendre la vive critique des sociologues. Pour Pierre Bourdieu, « le sondage répond à l'idée commune de la science. Il donne aux questions que tout le monde se pose — tout le monde ou du moins le petit monde de ceux qui peuvent financer des sondages — des réponses rapides, simples et chiffrées, faciles à comprendre et à commenter. Or les vérités premières sont des erreurs premières et les vrais problèmes des éditorialistes et des commentateurs politiques sont souvent de faux problèmes que l'analyse scientifique doit détruire pour construire son objet. Une pratique qui pose les questions comme le client se les pose n'est-elle pas la forme accomplie de la science neutre, de la science sans savant ? ». Les sondages restent pourtant une possibilité de consulter régulièrement les Français, d'éclairer les choix, un élément de notre vie collective, une garantie de notre démocratie. Par son apport irremplaçable, comme par ses abus, le sondage est bien l'enfant naturel de la télévision et des moyens de communication de masse.

La solution ne réside pas dans une nouvelle réglementation contraignante. Il y en a assez comme cela. Il faut donc demander à la profession de définir des règles strictes d'exploitation des sondages, à commencer par des délais impératifs de publication. Cette simple règle de bon sens éviterait la confusion qui entache la publication de certains sondages comme ceux dont j'ai parlé à propos de la Nouvelle-Calédonie.

Ces règles s'appliqueraient aux médias commandant un sondage ainsi qu'aux journalistes les commentant. C'est seulement dans le cas où cela ne serait pas possible qu'il faudrait accepter de donner un pouvoir étendu à la Commission des sondages. Depuis sa création, cet organisme s'est distingué par un remarquable travail dans un domaine où, on vient de le voir, il faut « veiller au grain ». La Commission des sondages attribuerait alors un label de publication qui serait une garantie de sérieux.

Hommes politiques et savonnettes

Un sondage pour commencer la journée, un débat à la radio, de multiples informations dans la presse, une interview à la télévision... Aucune influence nationale ne peut plus s'exercer sans être présente sur le grand marché de la communication qui s'ouvre chaque matin. C'est la piqûre quotidienne d'informations. Rapide, synthétique, forte.

Pendant des mois, la France a vécu à l'heure des réfugiés afghans. C'était la mode. Nul n'ignorait plus rien de leur combat héroïque. Puis on est passé à autre chose. Idem pour Solidarité en Pologne ou la famine en Éthiopie.

L'été 1985 a été marqué par une formidable montée de la notoriété de Greenpeace. Cette organisation, auparavant confidentielle, a connu la gloire à la suite de l'attentat contre l'une de ses embarcations, la mise en cause des services secrets français, la démission du ministre de la Défense. Autre vedette de l'été : le sida. Un médecin spécialiste dit à quel point il est nécessaire d'informer « car le problème est réel mais il ne justifie en aucune manière ni l'ampleur, ni la manière dont on le traite, en en faisant une peste ». Il précise : « On dénombre environ 400 cas de sida en France où le nombre annuel de morts par l'hépatite B est de 200 à 500. » Il pourrait ajouter : « mais l'hépatite est devenue trop banale pour intéresser les médias ».

Il faut faire avec l'opinion, disent les rédactions, et l'opinion n'a qu'à faire avec ce que lui donnent les rédactions. Va pour les bébés phoques, les morts sur la route ou les enfants disparus. Chaque année, en France, plusieurs centaines d'enfants ou d'adolescents disparaissent, dans l'indifférence générale. En une semaine, la télévision pourrait en faire, si elle le décidait, l'un des principaux sujets de préoccupation des parents. Un prisonnier en Afghanistan, c'est quelques lignes dans la presse. S'il s'appelle Jacques Abouchar, cela devient un événement relayé, chaque soir, dans le journal de vingt heures. Et, à son retour, le Premier ministre l'attend en direct sur l'antenne après interruption exceptionnelle de l'émission de Michel Drucker, Champs-Élysées. Jacques Abouchar n'y est pour rien. Son courage n'est pas en cause. Il a, au contraire, remis le combat des Afghans dans l'actualité. Mais il fallait qu'il soit journaliste de télévision.

Il y a en Belgique une petite enclave, à majorité francophone, dans les Flandres. Fouron. Cette ville d'environ 10 000 habitants s'est donné aux élections municipales de 1982 un maire au nom prédestiné de José Appart. Scandale au premier conseil municipal.

Le maire ne parle pas flamand. Stupeur dans la communauté flamande. Protestations. Presse, radio et télévision se mobilisent immédiatement. La Belgique se passionne pour José Appart.

La crise atteint le gouvernement. Les uns se solidarisent, les autres demandent la démission du maire ou l'annulation des élections. Presse, radio et télévision couvrent de plus belle. Rien, apparemment, dans les textes n'impose au maire de s'exprimer en flamand.

Arrivent les élections européennes de 1984. José Appart exprime son intention d'être candidat sur la liste socialiste. Polémique au sein du parti, où s'affrontent à nouveau les deux communautés. Presse, radio et télévision boivent du petit-lait. Le maire de Fouron continue de faire trembler la Belgique. Dans un système électoral complexe, il fera le meilleur score de voix de préférence, sorte de priorité que les électeurs peuvent donner à un candidat. José Appart n'a pas grand-chose à dire, mais il est devenu un symbole avec un micro à la main généreusement tendu par les médias.

Cette consommation quotidienne d'informations a modifié, de fond en comble, le comportement du citoyen. J'y vois quatre raisons fondamentales :

— La première, c'est l'élection du président de la République au suffrage universel. A la désignation du chef de l'État par les notables, c'est-à-dire en circuit fermé, succède l'élection par chaque Français, donc l'irruption d'une concurrence électorale à travers la communication. Ce n'est pas un hasard si, comme on l'a vu, 1965 marque l'illustration du poids de la télévision et des moyens de communication de masse dans notre vie démocratique, le décollement des sondages, l'apparition des techniques modernes de campagne.

— La seconde, c'est, en 1969, la fin d'une époque, celle du chef charismatique. Les citoyens se déterminaient par rapport à lui. Aujourd'hui, c'est l'inverse. Aucun leader n'est en mesure de réunir spontanément autour de lui une majorité de Français. Chacun s'efforce de créer et de développer son marché électoral.

— La troisième raison, c'est la crise et la fin des idéologies qui donnent naissance, ensemble, à une mentalité beaucoup plus utilitariste. La France se rapproche à grands pas des traditions politiques américaines. Les hommes politiques français restent coutumiers des déclarations à vocation générale concernant la « modernisation », les « institutions » ou la « cohabitation ». L'opinion publique américaine, et de plus en plus française, attend en revanche des réponses précises et des engagements clairs.

— La quatrième raison, c'est le triomphe de la publicité commerciale qui oblige la communication politique à évoluer et à innover. *Le Point* a publié durant l'été 1985 un sondage Ipsos révélateur. La publicité a un effet plutôt positif sur les mœurs. Elle est proche de la création artistique. Elle informe plus qu'elle ne manipule. Trois réponses nous intéressent encore plus directement : 33 % des personnes interrogées pensent qu'Apostrophes, dont le succès est connu, est une émission publicitaire. Des deux discours destinés à convaincre, 55 % préfèrent la publicité et 24 % le discours politique. 33 % considèrent que le quart d'heure mensuel de Laurent Fabius sur TF 1 tient de la publicité, 37 % de l'information.

Le phénomène de consommation politique est évident dès lors que la frontière entre l'information et la publicité est mal délimitée dans l'esprit des

Français. Seul compte à leurs yeux le message qu'ils peuvent s'y procurer.

A la confiance, enracinée dans les valeurs profondes, s'est substituée une attente beaucoup plus pragmatique, la valeur d'usage. Elle ne vaut que si le produit est présent, si son action est relayée sur le marché de la communication. Dans le même temps, le niveau d'exigence du consommateur a augmenté. Avec une concurrence de plus en plus vive, moins de ressources disponibles et une meilleure information, il ne se laisse plus seulement orienter par la publicité. Le produit doit aussi avoir une image et tenir le parcours.

Le comportement du consommateur et celui du citoyen se sont rapprochés. La politique est largement consommée. Au jour le jour, les hommes, les causes, les idées sont médiatisés et jaugés au rythme des sondages. Alors, on délaisse Giscard pour essayer Mitterrand. On abandonnera Mitterrand pour tester la valeur d'usage d'un autre président. Certes, et heureusement, il existe encore de grands courants politiques dans la société française. Ils viennent corriger, chez l'électeur, le jour venu, l'attitude de consommation du citoyen. Ils redressent, en quelque sorte, ce pragmatisme du quotidien pour l'éclairer par des ambitions collectives plus vastes.

Il nous faut donc négocier entre le débat de fond, qui donne son sens au combat politique, et sa consommation quotidienne que nul ne peut plus ignorer. C'est pourquoi le débat sur la vente des hommes politiques comme des savonnettes reste nul et non avenu. Contrairement au marketing commercial, le produit n'est pas créé en fonction des besoins du marché. Composé de l'homme et de ses idées, il est imposé aux professionnels de la communication. Nous ne pouvons qu'améliorer l'emballage, rendre le ruban plus joli, multiplier les occasions d'achat.

l'amiral [illegible] que [illegible] se [illegible]
peuvent [illegible]

La politique [illegible] dans les [illegible] Indes [illegible] plus [illegible] que la [illegible] En [illegible] que le [illegible] est [illegible] de la [illegible] Dans [illegible] temps le [illegible] d'urgence du [illegible] de [illegible] et une [illegible] information, [illegible]

La [illegible] sur [illegible] de [illegible] sont [illegible] La politique est large [illegible] les [illegible] des [illegible] Cela [illegible] Cette [illegible] [illegible] par des [illegible] [illegible]

Il [illegible] [illegible] les [illegible] [illegible] des [illegible] de la [illegible] et des [illegible]

CHAPITRE III

Les rites et les rides

Les progrès incessants de la communication à travers les âges, les phénomènes modernes de consommation de la politique doivent naturellement conduire à une adaptation de ceux qui ont l'ambition de diriger le pays.

Demain il n'y aura pas de vaste dessein, d'ambition collective, d'alternance réussie qui puisse se passer d'un message reçu, compris et partagé par les Français. Sauf à se condamner à réussir parce que les autres sont plus mauvais que vous. Mais alors où est l'espoir ?

Dans les temps anciens, on disait : « Le message, c'est le produit. » Avec la médiatisation, le produit, c'est aussi le message.

Il reste pourtant une incroyable résistance au changement. Pourquoi ces blocages ? Pourquoi ces difficultés à communiquer en général, et à utiliser la télévision en particulier ?

Artisan ou technicien ?

L'homme politique vit dans l'instant. Il a du mal à faire avec le temps. Ce qui est essentiel aujourd'hui le sera moins demain. Le dernier qui a parlé a de bonnes chances d'être suivi. Il est plus facile de monter un coup que de s'imposer une stratégie, donc de maîtriser sa communication.

L'homme politique préfère l'artisanat à la technique, les systèmes qu'il domine à l'aventure de la communication. Il a généralement beaucoup appris et n'entend pas retourner à l'école. Alors la publicité, les médias, l'ordinateur, la télévision câblée ou hertzienne...

Pour en rester maître, il hésite à déléguer son message à une équipe, à une technique ou à un support.

L'homme politique répugne à prendre des risques, hésite à se remettre en cause. L'écrit représente une arme à sa mesure. On peut recommencer, corriger, préciser sa pensée. Une plume peut vous échapper. On finit par la dominer. L'écriture est rationnelle. Le rationnel est terre d'élection de l'homme politique.

Il prétend imposer au public ses propres modèles socioculturels, ses connaissances, sa technicité. A eux de comprendre son langage. Pas à lui de se placer à leur portée, même si l'une des règles les plus élémentaires de la publicité est de parler aux consommateurs dans leur langage.

Sous prétexte qu'il ne faut pas tout sacrifier à la mode, une bonne partie du monde politique reste enfermée dans son pré carré, son petit monde, ses états-majors, les bonnes vieilles habitudes. C'est quand leur crédibilité est grande que les hommes politiques hésitent le plus devant le risque de la communication. C'est pourtant à ce moment-là qu'elle est le plus facilement reçue, qu'elle améliore les performances, qu'elle crée un capital de confiance. C'est au contraire quand la crédibilité s'affaiblit qu'ils se décident à faire un effort.

Giscard a gagné en 1974 grâce à son image et à

la qualité de sa communication. La primaire d'abord, l'élection ensuite. Par détachement, certitude de gagner ou de perdre, il a improvisé sa campagne de 1981, au moment même où François Mitterrand choisissait la communication. Il a retrouvé, *in extremis*, à la télévision, son talent de communicateur. Certaines émissions, comme celle avec Étienne Mougeotte, resteront dans les annales. Mais les Français ne l'écoutaient plus.

Les rites et les rides

Février 1984, Simone Veil me reçoit dans son appartement de la place Vauban. Derrière le regard limpide qui avait fait la beauté de son affiche de 1978, elle reste distante. Préoccupée de la difficulté des alliances, elle écoute, mi-amusée, mi-intéressée, mon propos sur le déroulement de la campagne des élections européennes. Sincère, elle est sensible à tout ce qui exprime une conviction.

Ma proposition tient en quelques points. Toute campagne traditionnelle ne fera que mobiliser les acquis. Il faut donc innover pour séduire les hésitants, créer une dynamique, un effet d'entraînement qui effacera la longue gestation de la liste unique. Les moyens de la campagne, comme le Tour de France, doivent faire l'objet d'une véritable recherche créative. Je lui propose, notamment, de modifier les traditionnels meetings, en faisant appel aux artistes, cinéastes, peintres, sculpteurs.

Objectif : faire vivre la France en Europe, présenter des films spécialement réalisés pour la circonstance, des bandes dessinées, des tableaux. Une véritable exposition animée itinérante. Le tout se terminant par un débat conduit par un ou deux grands journalistes régionaux de chaque province visitée.

Enfin, j'insiste sur les derniers jours de la campagne. Pourquoi ne pas demander à 100 maires, dans 100 grandes villes, soit 5 millions de Français touchés, de pavoiser leur commune, d'installer des stands sur les lieux publics, de distribuer un appel, des tee-shirts et des ballons ? Pourquoi ne pas engager une grande opération de mobilisation des derniers jours ?

Après trente minutes de conversation, le verdict tombe : « C'est déjà difficile de faire la liste, la campagne on verra plus tard. »

Rien ne différenciera vraiment la campagne des élections européennes de 1984 de celle des élections présidentielles de 1965.

En vingt ans, la société a changé. Une nouvelle génération d'électeurs est arrivée. Les nouvelles techniques envahissent notre vie. Les médias ont bouleversé les rapports entre les hommes. Les rites de la communication politique sont restés les mêmes. Aucune des grandes listes n'a conduit une campagne moderne. Les meetings ennuyeux ont succédé aux moyens traditionnels. Sur les affiches du parti socialiste, une petite fille édentée (sans doute ne fallait-il pas faire trop élitiste) jouait avec des cubes, bientôt rejointe par Lionel Jospin, photo de jeune-vieux à l'appui !

Dans le même temps, Mme Veil, sur fond de mappemonde, vendait la géographie de l'Europe à la place d'un symbole, d'une émotion.

C'est du côté des listes marginales que l'air frais est venu. Jean-Marie Le Pen a littéralement occupé le terrain par l'affichage, la présence des militants, les réunions largement amplifiées par les agitateurs qui voulaient les empêcher. Mais la palme de la meilleure campagne revient incontestablement à la liste E.R.E. conduite par le trio Stirn-Doubin-Lalonde. Création très spontanée, affiche décontractée, remarquable clip, ton nouveau. Las, le score fut marginal. Pourquoi ? Ce fut une bonne campagne, mais une erreur de stratégie. Une liste marginale doit faire une campagne institutionnelle. Elle n'a pas à surprendre mais à rassurer, pas à gagner la sympathie mais à convaincre. Au contraire, une grande liste institutionnelle doit étonner, gagner en spontanéité pour ajouter à l'électorat acquis les quelques pourcentages qui font la différence. Dans l'opposition, c'est M. Le Pen qui a ramassé la mise, abandonnée par le traditionalisme de la liste unique.

En vingt ans, la communication politique n'a pas assez changé, les partis non plus. La plupart d'entre eux n'ont pas d'organisation suffisante. Des entreprises de plusieurs dizaines ou centaines de milliers de personnes sont gérées comme des P.M.E. des années cinquante. On me dira : il n'y a pas d'argent. Il y a celui des cotisations. Il y a aussi celui que chaque candidat accumule méticuleusement pour les élections présidentielles. Une petite partie de ces sommes permettrait déjà au parti d'améliorer sa gestion et sa communication. Une façon comme une autre de mieux préparer la victoire.

Le destin de la France se joue lors des élections, donc avec les partis. Il n'est pas possible de construire une grande nation moderne sans commencer par les dépoussiérer.

Ce propos est un plaidoyer, pas un réquisitoire. D'abord parce que certains partis ont commencé à évoluer. Ensuite, parce qu'il y a quelque justification historique à l'état de dénuement de nos formations politiques. Notre passé récent, singulièrement la IVe République, nos institutions conduisent à privilégier le président. Aucun gouvernement n'a voulu réellement poser le problème de la garantie par l'État des ressources des partis. Pire, les Français n'y sont pas favorables. Ils aiment accabler les partis, tout en leur refusant les moyens de mieux coller à la réalité.

La plupart de nos voisins étrangers ne connaissent pas cette situation. Il est vrai qu'ils n'ont pas de président de la République ou son rôle n'est que de simple représentation.

Les partis y sont les animateurs directs de la vie politique. Ils disposent d'une organisation centrale remarquable. Leurs sièges comprennent les services de l'animation, des élections, de la gestion et, bien sûr, de la communication. Ils sont même, dans certains pays, largement présents dans les mutuelles, les associations de consommateurs, etc.

L'actualité politique se concentre sur les déclarations, les réunions, les congrès. Ces congrès sont l'exemple même du rite. Décor pesant, succession de discours se calquant plus ou moins les uns sur les autres, grande intervention finale du leader, 2000, 50000 ou 100000 personnes recevant la bonne parole. Où est la communication ? On ne sait plus si les responsables parlent aux militants ou aux médias. Il suffit de voir la bousculade des orateurs pour les interventions de fin de matinée ou de journée. Ils veulent tous passer dans les journaux télévisés. Passage en général mauvais, car la télévision est un média intimiste qui supporte mal le discours. On aboutit ainsi à ce résultat stupéfiant que plus le congrès est bon, plus la télévision accentue les effets de tribune qui mettent mal à l'aise le téléspectateur.

Je me souviens du deuxième tour des élections présidentielles de 1981. Giscard avait sacrifié à la grand-messe de Pantin. 100000 personnes, Alain Delon, de la musique... Quelle ambiance ! Le soir, à la télévision, un Giscard perdant la voix s'époumonait dans une communication hachée. Mitterrand s'était contenté, lui, d'aller rendre visite à quelques commerçants et artisans. Il parlait à quelqu'un de ses problèmes dans un langage télévisuel pour 10 millions de téléspectateurs. C'était un geste, pas un rite. N'ayons même pas la cruauté de comparer le coût à la personne touchée entre la superproduction de Pantin et les quelques kilomètres en voiture du candidat de la gauche.

Trois ans plus tard, en juillet, Jacques Chirac devait se rendre quelques jours au Sofitel de Porticcio, pour une cure de thalassothérapie. Il y a renoncé pour prendre la parole devant un comité central extraordinaire du R.P.R. convoqué par télégramme.

Jacques Chirac entouré des responsables du parti a alors demandé à la tribune, dans un discours alambiqué, la dissolution de l'Assemblée. Les Français ont reçu un message partisan qui avait, pour eux, un parfum de soufre.

Imaginons que le maire de Paris soit allé à Porticcio. Tout aurait été différent. D'abord, il se serait changé les idées. Décontracté, il se serait exprimé calmement, par exemple dans une interview télévisée : « Le référendum voulu par le président de la République est une affaire mal engagée. Si l'on veut vraiment consulter les Français, il y a plus simple : dissoudre l'Assemblée et redonner la parole au peuple. Rien de tout cela n'est scandaleux. D'ailleurs, la première décision du nouveau président de la République a été de dissoudre l'Assemblée. » Les Français auraient reçu ce message cinq sur cinq, dans la sérénité d'un président du R.P.R. d'autant plus ouvert qu'il est décidé.

Depuis, j'ai souvent proposé de changer la façon dont étaient organisés certains congrès politiques, donc leur image : préparation décentralisée, tables rondes, clips d'introduction, consultation télématique des militants, discours de clôture audiovisuel du leader. Cela permettrait de trouver un compromis entre la nécessité de réunir les militants et la volonté de réussir la reprise par les médias.

Les discours magistraux sont des caricatures de communication. Les grands rassemblements passifs sont des pièges à perdre des voix, par leur reprise inadaptée à la télévision. Il est temps de savoir à qui l'on parle. L'utilisation des médias a ses règles. En mélangeant les genres, les rites de la politique brouillent les cartes, confondent auditoire acquis et citoyens, amplifient le décalage entre le discours de certitude et les vrais problèmes des Français.

Ces rites sont les rides de notre système politique. Les Français le ressentent quotidiennement. Le monde politique commence à le comprendre confusément. Déjà, la ligne de fracture se précise. D'un côté, ceux qui feront tout par paresse intellectuelle, par moralisme dépassé ou, plus simplement, afin de protéger leur poste pour retarder la modernisation. De l'autre, ceux qui font évoluer les rites, qui dérident la politique, qui bousculent les conformismes. Même enfants rebelles un moment, ils auront la faveur des Français. La jeunesse prédispose, certes, au progrès. Elle n'en a pas l'exclusivité. Ils seront rejoints par beaucoup. Ce n'est pas essentiellement affaire de génération.

On change plus facilement de politique que de communication

10 mai 1981. Vingt heures. Le portrait électronique de François Mitterrand efface peu à peu la mine défaite de Jean-Pierre Elkabbach. Il m'expliquera, plus tard, que l'événement n'était pas facile à commenter en direct. Il avait lui-même donné des consignes à sa rédaction. Une attitude trop euphorique ou au contraire sinistre aurait nui à la crédibilité

de l'émission. Jean-Pierre Elkabbach est l'un de nos meilleurs journalistes. Il est aussi un homme qui a le droit, un soir pareil, d'être ému au point d'en oublier ses propres recommandations.

La fête bat son plein à la Bastille. La France est calme. En quelques semaines, la gauche prend les leviers de commande. Elle triomphe aux législatives par la grâce des abstentionnistes. Il y en aura 4686460 de plus au premier tour de 1981 qu'à celui des élections précédentes en 1978. On ne dira jamais assez ce qu'une telle aventure a de fascinant. Des visages qu'on a connus pendant des années, voire des décennies, quittent le devant de la scène. L'administration, les finances, les médias sont bouleversés.

Les Français vivent naturellement ce véritable changement de planète.

En mai 1981, une majorité est fatiguée de voir toujours les mêmes têtes. Elle constate que le système politique, dit de droite, ne parvient pas à résoudre les vrais problèmes du pays. Elle ne fait plus confiance au président sortant. Parce qu'il est le premier président de la crise vécue. Parce qu'il n'est plus le Giscard des temps victorieux. Valéry Giscard d'Estaing ne s'est pas rendu compte qu'il avait semé, tout au long de son septennat, les petits cailloux de la victoire de 1974 : la fraîcheur, la spontanéité, la sympathie.

Même s'il l'avait voulu, il était trop tard pour aller les ramasser.

Les Français changent donc d'attelage. Une minorité attend tout de l'alternance. Une majorité, quel que soit son vote, attend pour voir. 74 %, c'est le score de confiance qu'obtient François Mitterrand pour son premier sondage. Cela s'appelle l'état de grâce. Une autre minorité pressent l'échec. Plus l'espoir est grand, plus vite l'échec est consommé.

La plus grave erreur de la gauche est son triple échec en matière de communication.

Premier échec. Quand le langage chaleureux de l'opposition devient critique au pouvoir, les citoyens décrochent. Sans rentrer dans les détails de l'analyse transactionnelle, chère aux psycho-sociologues, on ne peut comprendre la situation politique sans s'arrêter au registre de la communication, au ton utilisé vers l'opinion.

Toute forme de pouvoir conduit à l'isolement, à la communication rationnelle, froide, impérative. Faites ceci, faites cela. C'est le père qui gronde son fils pour ses erreurs au lieu de l'aider à faire ses devoirs. L'opposition, au contraire, libère des contraintes. Elle aiguise la spontanéité, mobilise les énergies, pousse même à l'humour. La communication est plus sympathique. C'était la communication de la gauche d'avant 1981. En quelques mois, elle a perdu cet atout. Ce changement radical dans le ton, le style, le registre de communication a largement participé à la déstabilisation d'une partie de l'électorat de gauche. Les citoyens supportent mal ces ruptures qui sont les plus apparentes. La gauche a plus facilement changé de politique que de communication.

Deuxième échec. Quand la gauche américaine succède à la gauche lyrique et sectaire, les Français s'interrogent. Pierre Mauroy a connu sa voie royale : « Faisons ce pour quoi nous avons été élus. » Dès les cantonales de 1982, tous les clignotants électoraux étaient au rouge. Il a ensuite traversé sa période réaliste : « Faisons avec ce que nous avons. » Mais son style n'était pas celui de l'austérité. A l'aise pour dénoncer la droite et ses châteaux, il l'était moins pour appeler le peuple à payer son écot. Pour le président, Pierre Mauroy, c'était le frère d'armes, la tournée des popotes, la rose en bandoulière. Après les municipales et les européennes, ce fut naturellement la voie de garage.

Alors Fabius parut. Comme si rien n'avait existé avant lui. Sans prédécesseur, probablement sans successeur. Sourire au coin de la bouche. Hymne à l'entreprise et à la modernisation. Fin des dossiers brûlants. Socialisme discret. Au panier, les mots en « isme ». Vive les technologies en « ique ». En avant pour la robotique, l'informatique, la télématique. Le hic, c'est surtout pour les militants, les sympathisants, l'électorat qui s'accroche. Difficile de savoir où ils en sont, de comprendre si on les trompe aujourd'hui ou s'ils se sont trompés hier. Le 10 mai peut-être.

Troisième échec. Quand le pouvoir abandonne à l'opposition le terrain des libertés, les Français choisissent plus facilement leur camp. Le brave M. Fillioud se doutait-il, en mijotant la loi sur la presse, que pendant des mois une véritable guérilla allait user son crédit et saper celui du pouvoir ? Tout l'arsenal y est passé : mobilisation parlementaire, réunions sur le terrain, publicité, relais des médias.

L'excellent M. Savary songeait-il que deux années de négociation se solderaient par des millions de Français dans la rue, un dossier à la trappe et son ministre au vestiaire ? Qu'est-ce qu'une manifestation sinon un moyen de communication de masse, inventé, organisé, exploité pour une circonstance exceptionnelle et ensuite relayé par les médias.

Les études menées par la Cofremca montrent à quel point, en politique, l'intérêt pour les grandes promesses banalisées ne va plus de soi. C'est le rejet de la langue de bois. Il est impératif de créer de nouvelles formes de mobilisation dans l'entreprise, la vie locale, l'école. La manifestation scolaire du 24 juin 1984 en est une démonstration.

De ces combats perdus pour le régime, il restera le souvenir d'une fantastique erreur d'aiguillage.

Le pouvoir voulait peut-être régler des comptes avec Robert Hersant et l'école libre. Le caractère imprévu des réactions et surtout leur continuité l'a laissé désemparé. Les Français en retiendront la mise en cause de la liberté de l'école ou de celle de la presse. Erreur de stratégie du pouvoir. Remarquable mobilisation de l'opposition.

Rien n'est pire que d'aller à contre-image

Avant la gauche, d'autres exemples avaient montré à quel point il est suicidaire de modifier sa communication en cours de route.

En 1969, Gaston Defferre, qui restait sur sa candidature rentrée de 1965, est crédité en début de campagne de 14 % des voix. Il finira à 5,01 %. Comme l'écrit Jean Cazeneuve dans son livre *les Pouvoirs de la télévision* : « L'image de Gaston Defferre s'est rapidement dégradée au fil des émissions télévisées en raison d'une part de son absence de conviction et d'autre part de son manque de cohérence qui se sont manifestés par ses hésitations et son changement d'attitude. » Il semble également que les électeurs aient été déroutés par le duo télévisé Defferre-Mendès France. Le maire de Marseille avait cru habile de désigner à l'avance son futur Premier ministre pour réunir davantage de voix. En France, on élit son président, pas le tandem Élysée-Matignon.

Lors de la même consultation, Alain Poher, président de la République par intérim, fera la cruelle et identique expérience. Sa personnalité est peu connue des Français, mais son autorité est réelle. Ses premières apparitions à la télé, face à un Georges Pompidou à la notoriété considérable, créent un effet de surprise et de novation. Il est jugé simple, modeste, sympathique. Il manifeste une évidente volonté d'apaisement et d'union.

Pourtant il résiste mal à l'épreuve du petit écran. Le panel de téléspectateurs réunis par Jean Cazeneuve trouve rapidement Alain Poher fade, transparent.

C'est alors que le candidat commet l'impardonnable erreur de modifier le cap. Pour donner plus de consistance à sa campagne, il attaque ouvertement Georges Pompidou. Sans donner davantage de corps à son argumentation, selon le reproche formulé par les téléspectateurs, il se place en contradiction avec sa stratégie d'apaisement. C'en est définitivement fini de ses ambitions présidentielles. Il dira lui-même : « La compétition pour l'Élysée exige que l'on se batte, que l'on se livre de sa personne, bref que l'on donne du spectacle. » Le remarquable président du Sénat, homme de conciliation et d'arbitrage, n'était visiblement pas fait pour la joute télévisuelle.

Jacques Chaban-Delmas, l'un des premiers ministres les plus populaires de la Ve République, a réussi à être l'un de ses plus mauvais candidats à la présidence. Il est vrai qu'il n'a jamais été une star de la télé. Il a pourtant fait des progrès considérables après une série de séances au magnétoscope. Je me souviens de l'une d'entre elles. Nous disions au Premier ministre de l'époque : « Soyez plus chaleureux, imaginez derrière la caméra quelqu'un que vous aimez. » Et Chaban de s'exclamer, la main sur le cœur : « Maman, je t'aime. »

Sa campagne présidentielle a été une succession d'erreurs. Mieux aurait valu ne pas déclarer sa candidature le jour des obsèques de Georges Pompidou. Chaban dira plus tard que, compte tenu des chausse-trapes qui l'entouraient, il n'avait guère le choix. Mieux aurait valu qu'il reste lui-même. Sur son affiche commerciale et lors de ses premières émissions télévisées il est apparu, lui si présent, plutôt lointain, lui si charmeur, tellement sérieux, lui si alerte, terriblement vieilli. Michèle Cotta a écrit à ce sujet : « A la télé, il rencontre les mêmes difficultés qu'à la radio. Il est naturellement souriant : il prend l'air sévère. Il est décontracté, le voici solennel. Dès qu'il apparaît, il perd des points. De cette bataille il est le grand perdant. »

Enfin, il aurait mieux valu ne pas donner dans les exhibitions télévisées avec Malraux. Ce n'est pas faire injure à l'auteur de *l'Espoir,* au ministre du général de Gaulle, à l'un des visionnaires les plus exceptionnels de son temps, que de constater combien sa prestation audiovisuelle a été catastrophique. Devant tant de souffle épique incompréhensible, Jacques Chaban-Delmas semblait tellement s'effacer que le candidat y perdait en surface sans que le lyrisme de son invité lui rapporte une seule voix. On me dira les dés étaient jetés. Ce n'est pas une raison.

Quand on lui rappelle cette période, le maire de Bordeaux n'élude pas la question. Il déclare : « C'est la seule période de ma vie où j'ai été K.O. debout. Je rentrais le soir et on me faisait approuver n'importe quel projet. » C'est ainsi que fut adoptée l'affiche le représentant le visage tourné vers le futur, les traits tirés pour faire sérieux. Il apparut en fait triste, le regard fuyant, l'air soucieux.

Mieux vaut oublier les noms de ceux qui conseillaient l'ancien Premier ministre. Dieu garde les candidats de les retrouver sur leur route. Ils ne s'arrêtèrent pas en si bon chemin en demandant à Chaban de ne plus monter les escaliers quatre à quatre et de donner dans le genre sobre à la télévision. Ainsi, avec son affiche d'empereur romain, le maire de Bordeaux joua totalement à contre-image.

Le résultat ne se fit pas attendre. Le sondage réalisé par l'I.F.O.P. sur les affiches des principaux candidats donne à l'affiche de Chaban le grand prix du rejet, 33 % la jugeant la moins bonne contre 17 % qui la trouvaient la meilleure. Résultat inverse pour son principal concurrent. L'affiche de Valéry Giscard d'Estaing avec sa fille est classée largement en tête par 34 % des interviewés, 9 % seulement la trouvant la moins bonne.

Jacques Chaban-Delmas se reprit évidemment en cours de route. Chasse le naturel, il revient au galop. Il était bien trop tard. Les électeurs ne pardonnent pas ces aller et retour en image. Cela nous a tout de même donné une des plus grand-messes des trente dernières années. Un Palais des Sports bourré à craquer. Des milliers de personnes dehors suivant la réunion sur l'un des premiers écrans géants en couleurs utilisés en France avec un car de mixage. Une salle qui interrompt l'orateur toutes les dix secondes au cri de : « On va gagner. » Et Chaban qui rythme en mesure, sûr de perdre, mais certain qu'il existe une communion avec ces hommes et ces femmes.

Les règles les plus élémentaires de la communication nous indiquent parfaitement les raisons de l'échec de Jacques Chaban-Delmas. Reste à s'interroger sur la cause profonde de ce décrochement, ce K.O. debout, comme il me l'a dit lui-même, avec cette attitude qui le caractérise, calé bien droit dans un fauteuil, les yeux posés sur vous, un léger sourire aux lèvres, avec une incroyable présence.

Voilà en effet un bon Premier ministre, un homme habitué aux responsabilités, rompu au combat politique. L'élection partielle de 1970 n'a pas été une partie de plaisir. Jean-Jacques Servan-Schreiber, tout auréolé de son élection à Nancy, décide de mener le combat contre le Premier ministre sur les thèmes nationaux.

La mobilisation du maire de Bordeaux est spectaculaire. A Nancy, Nick Maloumian, l'homme qui « vendait » Jean-Jacques Servan-Schreiber, retient tous les emplacements d'affichage commercial. Arrivé à Bordeaux pour faire la même opération, on lui apprend que Chaban est déjà passé par là. Dans une note stratégique, l'équipe du maire de Bordeaux fixe les orientations : l'élection ne sera pas politisée. Elle est un préalable aux municipales de l'année prochaine. L'avenir de Bordeaux passe par son maire.

Jean-Jacques Servan-Schreiber s'évertue durant toute la campagne à attaquer le Premier ministre. Il est conseillé par une armada de cerveaux dont les noms brillent aujourd'hui au firmament de l'économie : Michel Albert et Guy Sorman, tous deux énarques.

C'est toujours le maire qui répond aux attaques contre le Premier ministre, visite les chantiers, écrit aux élus locaux, couvre les murs d'une affiche avec les simples mentions : « Bordeaux-Chaban-Delmas ». Une enquête de motivation réalisée des années plus tard confirmera qu'il existe en effet une identification très forte des Bordelais avec leur maire.

Pendant ce temps, J.-J. S.-S. est chahuté dans ses réunions... et accuse la police aux ordres du Premier ministre. Il est souvent accompagné de chansons populaires créées par le staff de Chaban. Il y aura ainsi sur l'air d'*En passant par la Lorraine* : « En rentrant dans ta Lorraine, avec tes sabots, en rentrant dans ta Lorraine, avec tes sabots, tu pourras, oh! oui, sans peine, en sabots, mais sans trompette, aller faire dodo ! » Deux autres chansons seront aussi prévues : l'une chaque fois que J.-J. S.-S. porte le verre de service à sa bouche (sur l'air *le Sirop Typhon*), l'autre pour les fins de réunions (sur l'air de *Avec les pompiers*). Résultat : 63,5 % des voix au premier tour pour Jacques Chaban-Delmas.

Quatre ans plus tard, c'est l'échec au sommet de l'ascension. Pourquoi, d'un côté, une préparation si minutieuse sur un terrain où l'on est pourtant si armé ? Pourquoi, de l'autre, une improvisation pareille, tant d'erreurs, tellement de contradictions ? Chaban a-t-il trouvé ses limites ? A-t-il vraiment été la victime d'un complot politique ourdi de longue date ?

Valéry Giscard d'Estaing lui-même aurait fourni de longues années plus tard une partie de l'explication à son ancien adversaire. Fin 1973, le ministre des Finances est contacté par Pierre Juillet et Marie-France Garaud qui lui disent en substance : « Vous êtes promis aux plus hautes destinées, mais ce n'est pas votre heure. » Si le président disparaît, tout est prêt pour Pierre Messmer. Giscard acquiesce. A peu près à la même époque, les barons gaullistes se réunissent en présence du Premier ministre Pierre Messmer. Tous sont unanimes pour que Jacques Chaban-Delmas se présente.

Après la mort de Georges Pompidou, le maire de Bordeaux rentre à Paris et se rend à Matignon. Le Premier ministre lui demande : « Quelles sont vos intentions ? » Surpris, Chaban lui rappelle la réunion des barons. Pierre Messmer fait référence aux institutions, à la légitimité du Premier ministre. Face à l'intransigeance de Chaban, il renonce finalement à se présenter.

Dès lors, Pierre Juillet et Marie-France Garaud libèrent V.G.E. de son engagement. Mieux, ils lui expliquent comment l'unanimité gaulliste en faveur de Chaban sera cassée. Giscard apparaîtra comme un candidat d'union. L'apôtre de la nouvelle société sera marginalisé. Il se retrouvera au centre entre Giscard et Mitterrand, ce qui, dans l'esprit des éminences grises, veut assez dire l'affection qu'elles portent à la fois à ce positionnement politique et à celui qu'elles y destinent.

Ironie de l'histoire, Jacques Chaban-Delmas aura tout fait pour faire réussir ce pronostic éclairé. Comme si l'on n'échappait pas à son destin.

Les Français sur le repli

Toutes les études vont dans le même sens. Les Français rejettent les valeurs, les systèmes, les clichés de la vie politique traditionnelle.

Le premier sondage à nous éclairer sur ce désaveu est celui de l'Ifrès publié par le *Quotidien de Paris* début 1984. La lassitude (39 %) et l'écœurement (35 %) des Français sont à égalité avec l'intérêt (39 %) qu'ils portent à la vie politique. Pour une majorité d'entre eux, les hommes politiques mentent.

La Sofrès pour *le Monde* viendra compléter durant l'été ce sombre pressentiment. Pour 62 %, les hommes politiques ne traitent pas les grands sujets qui concernent la vie des Français. 82 % pensent que les hommes politiques ne disent pas la vérité. 60 % estiment qu'il vaut mieux choisir les ministres parmi les techniciens spécialisés. 54 % sont d'avis que les hommes politiques disent tous à peu près la même chose. Un pourcentage à peu près équivalent considèrent que les hommes politiques gagnent trop d'argent.

J'ai moi-même fait réaliser en octobre 1984 par l'Ifrep un sondage qui va dans le même sens et apporte quelques éléments complémentaires. Une majorité de Français fait moins confiance aux hommes politiques qu'avant. Trois grandes raisons expliquent cette situation :

— L'incapacité des hommes politiques à résoudre la crise.
— Le fait qu'ils disent tous la même chose.
— Leur manque de sincérité.

A un problème de fond qui touche la classe politique sans exception s'ajoutent deux raisons de forme. C'est la preuve manifeste que la communications a un rôle à jouer dans le retour de la confiance.

A la veille des prochaines élections législatives, j'ai été frappé par la façon dont la démarche d'Albin Chalandon tient compte de cette situation. L'ancien ministre conduit, dans le Nord, une campagne atypique. Délaissant les programmes préfabriqués, les formules creuses, les promesses d'autant plus vagues qu'elles sont irréalisables, il donne dans le concret. Durant deux mois, il a beaucoup écouté et rencontré la plupart des partenaires économiques et sociaux. Il a étudié chaque secteur d'activité, chaque pôle géographique, leurs problèmes et leurs perspectives. Le futur député du Nord a ensuite élaboré quelques propositions qu'il s'attachera à traduire dans les faits. C'est ce qu'il appelle une campagne de « réalisateur », catégorie, à ses yeux, sous-développée par rapport aux intellectuels ou aux technocrates.Les premiers s'enferment dans le verbiage, les seconds dans les dossiers brillants mais éloignés du terrain.

Aux dernières élections cantonales, Jean-François Deniau, ancien ministre et Président du Conseil Général du Cher, a fait l'objet d'une intense campagne du parti communiste l'accusant de passer trop de temps à l'étranger. Il ne s'agissait pas de voyages touristiques mais, bien pire aux yeux du P.C., de vivre sur le terrain l'héroïsme des résistances afghanes, angolaises ou cambodgiennes. Jean-François Deniau a calmement répondu en organisant une réunion avec les dirigeants de la résistance afghane. A l'issue de la soirée, la salle de 600 personnes pleurait. Il a réalisé ses meilleurs scores dans les quartiers populaires. En politique, l'authenticité et la sincérité l'emportent toujours quand on ne cherche pas à répondre à côté de la question.

Jérôme Jaffré explique l'attitude de repli de l'opinion par un double divorce. Le premier concerne la gauche. Le directeur des études politiques de la Sofrès l'analyse en termes de déception, de désunion et de démobilisation. Il n'y a guère que 24 % des socialistes pour croire encore à une victoire de la gauche en 1986. Aux élections européennes, on a évalué à 2 millions de suffrages l'abstention volontaire de ceux qui avaient voté François Mitterrand en 1981. Cela représente 15 % de son électorat de l'époque ! Deuxième divorce : « L'opposition est surtout forte du discrédit qui frappe la gauche. Elle bénéficie plus du rejet de son adversaire que d'une adhésion des Français en sa faveur. »

Je crois cette analyse en grande partie fondée. Il est vrai que l'opposition s'est surtout attachée à exploiter les erreurs du pouvoir. Les Français ont parfaitement digéré l'alternance. Ils ont vécu sans état d'âme le changement de régime. Ils enregistrent son échec sans vraiment savoir où ils vont. Ils ont crédité le nouveau Premier ministre d'un effet de fraîcheur. Ils ont du mal à s'y retrouver au sein d'une opposition qui parle à trois voix, pour certains même à quatre.

A la confusion politique s'ajoute la lassitude à l'égard du système lui-même. Ce qui l'emporte aujourd'hui, c'est le repli, la certitude du décalage profond entre la vie quotidienne des Français, leurs aspirations et l'image qu'ils se font du monde politique. Image faussée dans ses clichés d'hommes politiques seulement ambitieux, menteurs et carriéristes.

La somme de dévouement, de renoncement aux plaisirs de la vie privée des élus est considérable. Image vraie dans leur manque d'ouverture à la communication, c'est-à-dire dans l'expression de leur choix, la valorisation de leur action.

Sartre disait : « Un roi doit avoir les mêmes souvenirs que ses sujets. » Un homme politique doit vivre plus près de ceux qu'il sert dans sa vie quotidienne comme dans les messages qu'il délivre.

Ce jugement doit pourtant être atténué. L'opposition a, même tardivement, investi dans le renouvellement des hommes et des idées. La plupart des thèmes qu'elle défendait, plus ou moins, honteusement hier ont aujourd'hui la faveur du public.

La montée des valeurs économiques libérales est parfaitement illustrée par une enquête de la Sofrès publiée par *l'Express* en août 1985. La concurrence passe de 67 % à 71 %, la participation de 61 % à 70 %, le libéralisme de 52 % à 63 %, le profit de 37 % à 47 %, le capitalisme de 26 % à 29 %. De leur côté, les nationalisations régressent de 40 à 33 %, le socialisme de 56 à 45 %, les syndicats de 55 à 45 %, la planification de 43 à 37 %.

Enfin, toute opposition, quelle qu'elle soit, ne trouve réellement sa crédibilité que dans la ligne droite des élections. C'est au moment des consultations décisives, législatives et présidentielles, que le pays prend vraiment conscience des enjeux. Il ne s'agit plus seulement alors de régler des comptes mais de choisir une majorité, un président. C'est bien pourquoi un député, un président de la République même, battu aux élections est souvent donné réélu dans les sondages six mois avant. Les citoyens n'ont pas encore la mentalité d'électeurs. La légitimité l'emporte et avec elle le besoin de sécurité. Le désir de changement n'intervient qu'au moment des élections, lorsque chaque électeur gagne sa case de vote.

Ces réflexions sont d'importance pour l'alternance. Il n'est plus question de laisser tout cela au hasard, de croire qu'on s'en sortira par l'improvisation. Plus la victoire est large, plus l'espoir est grand, plus l'application de la politique doit être claire et rapide. Nous en avons fait, grandeur nature, l'expérience négative avec la gauche. L'opposition doit savoir ce qu'elle fera, les décisions qu'elle prendra, les projets qu'elle présentera durant les cent premiers jours du pouvoir. Son action sera ainsi plus efficace, sa communication simple, directe donc crédible.

Pour y parvenir, elle doit cesser d'être brouillonne, contradictoire, écartelée entre ses sphères d'influence et ses leaders. Bien sûr, il lui faut un programme établi sur la durée d'un mandat. Il servira de guide, de référence. Mais l'essentiel se fera en quelques mois... ou en dix ans. C'est le retour de la confiance.

L'opposition doit avoir une stratégie claire. Durant l'état de grâce, tout est presque possible. L'essentiel se jouera sur le chômage. Quelques mesures spectaculaires doivent permettre sinon de relancer la machine économique, au moins de remobiliser les Français. C'est l'affaire des politiques. Ce sera aussi un problème de communication.

Cette stratégie est d'autant plus indispensable que nul ne sait comment se déroulera la cohabitation. La coexistence douce est peu probable. La coexistence dure usera le crédit de chacun des protagonistes. Du président de la République et du Premier ministre, qui sera le chat et la souris ? Lequel des deux provoquera la crise et sur quel thème, forcément symbolique aux yeux des Français partagés entre la légitimité de leur vote législatif et les institutions ?

Premier test après les élections : le retour au scrutin d'arrondissement. Face à la menace de dissolution de l'assemblée que le Président tient entre ses mains, le Premier ministre a tout intérêt à utiliser cette arme comme parapluie. Elle conduirait à couper la plupart des têtes du P.S. qui n'ont justement été sauvées que grâce à la proportionnelle. Pourtant, aucune majorité ne se fait volontiers hara-kiri et le scrutin d'arrondissement est bien plus contraignant que celui adopté par le régime socialiste.

Des responsabilités partagées

On a souvent bien du mal à se retrouver dans les jugements que portent les Français sur les personnalités politiques. Ils veulent des leaders humains, sensibles, proches. Mais aussi des surhommes capables de travailler vingt heures par jour et de suivre en même temps les dix grands secteurs d'activité du pays : de vrais ordinateurs.

Ils se lassent des mécaniques trop bien huilées, des réponses qui tombent net, de ceux qui en savent trop. Mais ils admettent mal l'improvisation ou l'erreur. Seul le doute a grâce à leurs yeux.

Ils veulent des professionnels, ils sont de plus en plus sensibles à l'esprit « chef d'entreprise », au look « décideur ». Mais ils ne sont pas prêts à les payer au vrai tarif. J'en veux pour preuve le résultat contradictoire des deux questions du sondage Sofrès de l'été 1984. 69 % des personnes interrogées pensent qu'il vaut mieux avoir des hommes politiques professionnels, car c'est un métier particulier où des compétences sont nécessaires. 55 % estiment que les hommes politiques gagnent trop d'argent. Allez donc résoudre ce dilemme d'avoir des professionnels... sans les rémunérer.

Les Français se plaignent des rapports délicats entre l'argent et la politique. Mais ils sont réservés sur le financement des partis politiques qui permettrait pourtant en même temps la modernisation des structures et la limitation des circuits occultes. Ils se fatiguent d'entendre toujours les mêmes leaders nationaux. Mais ils n'envisagent pas de retenir d'autres candidats aux présidentielles que les sept ou huit qui ont réellement fait leurs preuves.

J'ai déjà largement évoqué la responsabilité que portent les hommes politiques eux-mêmes dans cette situation. Il fallait bien aborder celle des citoyens. Il faut aussi ne pas faire l'impasse sur la responsabilité des médias. Tout journaliste est pris entre le désir de faire appel à la référence incontestée et celui de faire entendre la différence, de choisir la novation. Dans le premier cas il choisit le leader, dans le second plutôt un marginal. Entre les deux il y a pourtant un vaste champ d'investigation et d'intérêt. C'est pourquoi les médias finissent par sacrifier le débat de fond.

Enfin, le débat politique en France reste pauvre. Il y a peu de temps encore, « L'heure de vérité » était la seule grande émission politique. Elle a acquis une telle crédibilité qu'elle réussit à créer, chaque fois, l'événement. De nouvelles émissions ont heureusement fait leur apparition, certaines en renouvelant le genre, comme « Questions à domicile ». Les radios répondent bien à cette mission sans, toutefois, atteindre les remarquables audiences de la télévision.

On peut donc dire, sans risque de se tromper, qu'il existe un cercle vicieux entre attente contradictoire des citoyens, habitude des médias et conservatisme des structures politiques. C'est en grande partie là qu'il faut chercher les causes, donc les remèdes, à la crise de confiance qui atteint notre pays.

L'évolution qui se dessine ne conduit heureusement pas à l'apolitisme. Depuis 1965, pour l'élection du président de la République au suffrage universel, la participation oscille entre 85 et 90 % exception faite de l'élection de juin 1969. Le record de participation reste le second tour des élections présidentielles de 1974 où 88 % des électeurs se déplacèrent aux urnes. Les données de science politique indiquent clairement que moins on a de diplômes, plus on est jeune ou au contraire âgé, plus on habite à la campagne, moins on s'intéresse à la politique. L'intégration à la vie sociale détermine donc, en grande partie, l'intérêt pour la vie politique.

Rappelons enfin qu'il existe un abstentionnisme volontaire qu'il serait vain de confondre avec un désintérêt de la politique. On l'a vu à droite, par découragement aux législatives de 1981. On le connaît à gauche dans toutes les consultations qui ont lieu depuis l'alternance. Même pour une partie des abstentionnistes, la politique reste le sport favori des Français.

CHAPITRE IV

Communiquer pour gagner

Le monde des médias est devenu un pouvoir, peut-être le premier. D'ici à la fin du siècle — l'an 2000 est dans quinze ans — il ne sera plus possible de pratiquer une résistance acharnée aux technologies modernes, aux nouveaux médias, à la communication sous toutes ses formes.

On a longtemps considéré que la réalité du pouvoir était exercée par les technocrates. Pour le reprendre, les hommes politiques doivent devenir eux-mêmes communicateurs.

Les grands communicateurs du monde contemporain ont ouvert la voie. Les présidents élus en 69, 74 et 81 sont ceux qui ont conduit les meilleures campagnes. On ne sacrifie pas ses idées en les communiquant. On les transforme en messages.

Les grands communicateurs

Quelle opinion avez-vous du pape ? Favorable à 80 %. Connaissez-vous ses grands objectifs ? Non : 50 %. Les voici, êtes-vous d'accord ? Non : 60 %. Faites autour de vous ce mini-sondage. Il y a fort à parier que la plupart des réponses iront dans le même sens.

L'audience du pape, son rayonnement vont bien au-delà de la pensée catholique et des religions en général. Cet homme donne un visage au catholicisme. Le monde moderne a besoin de personnaliser ses espoirs comme ses rejets. Cet homme accepte la dimension médiatique de toute communication moderne. Il la provoque même. Il multiplie les gestes. Sous les lumières des projecteurs de la télévision, il rend visite à celui qui a failli l'assassiner. Message de charité et de pardon. Il descend les pistes de ski à l'invitation du président de la République italienne. Message de simplicité et de proximité.

Cet homme va sur le terrain, dynamise son réseau, mobilise ses fidèles, exporte son message. Ses déplacements sont organisés comme de véritables tournées de show-business. Ses auditoires rendent jalouses les plus grandes vedettes du monde. Je rêve d'un homme politique s'adressant à 50000 jeunes comme il l'a fait au Parc des Princes.

Le sociologue Jean Baudrillard ne s'y trompe pas en écrivant dans *Le Monde* : « Professionnel des médias, du look évangélique et de la turbo-prédication, il a complètement bouleversé la scène apostolique. »

Le pape est convaincu qu'en 1986 son message ne peut être reçu qu'avec les médias de 1986. Il a compris que l'image de la religion était associée au passé, rejetée dans les temps anciens. C'est une des raisons de son déclin. Il a décidé de replacer la religion dans l'actualité, de lui donner un nouveau look, d'utiliser les médias, d'occuper le terrain.

Son message est-il altéré par la mise en scène, la sonorisation, le décor ou les caméras ? Au contraire, il est d'abord plus simple, plus efficace, puis amplifié et démultiplié.

Mars 1965. Premier tour des élections présidentielles. Le général de Gaulle utilise seulement quelques minutes de son temps de parole, abandonnant la télévision à ses multiples adversaires.

Jean Lecanuet, lui, comme on l'a vu précédemment, joue sur l'effet de fraîcheur. Sur le petit écran, le candidat du centre commence par : « Bonjour, je m'appelle Jean Lecanuet. » Le général dira en bougonnant à ceux qui le pressent de passer davantage à la télévision : « Vous me voyez disant : bonjour, je m'appelle Charles de Gaulle ! »

Après le ballottage, le chef de l'État décide d'utiliser pleinement ses deux heures de temps d'antenne. Il enregistre trois émissions avec Michel Droit. Un peu plus d'une heure trente pour enregistrer, le même temps pour visionner. Belle performance. De toute façon, de Gaulle avait exclu l'hypothèse de plusieurs enregistrements.

Au même moment, François Mitterrand mettra plusieurs heures à enregistrer une seule émission. Il n'avait pas la maîtrise des médias qu'il a acquise depuis.

Ces émissions ont d'ailleurs une histoire un peu mouvementée. A l'origine, de Gaulle ne voulait enregistrer qu'une seule émission sur trois. Georges Pompidou devait intervenir dans la seconde, plusieurs ministres dans la troisième. « Ça fera un ragoût », avait dit le général. Il s'était finalement laissé convaincre par son interviewer préféré qu'il en fallait au moins deux. Les thèmes avaient été répartis. La première émission porterait sur la vie quotidienne et la politique étrangère, la seconde sur la République et les institutions.

A l'Élysée, l'enregistrement commence. A la 27e minute, Michel Droit regarde la pendule. La politique étrangère n'a toujours pas été abordée. Il pose alors une dernière question et dit au général : « Puisque vous avez accepté de revenir demain..., nous parlerons de la France par rapport au monde. » Un peu surpris, mais très « pro », de Gaulle répond : « Cher Michel Droit, très volontiers, c'est entendu. »

C'est ainsi qu'il y aura finalement trois interviews et non deux. Le président de la République sembla y prendre goût puisqu'il laissera tomber à la fin des enregistrements : « Je continuerais bien à jaspiner comme ça pendant des heures. »

L'effet est saisissant. De Gaulle s'explique, plaisante, fulmine, fait passer son message. Détaché quand il dit : « Ce sont des blagues pour les journaux. » Familier quand il raconte : « Il y a, pour ce qui est de la France, ce qui se passe dans une maison : la maîtresse de maison, la ménagère veut avoir un aspirateur, elle veut avoir un frigidaire, elle veut avoir une machine à laver et même, si c'est possible, une auto. Cela, c'est le mouvement. Et, en même temps, elle ne veut pas que son mari s'en aille bambocher de toutes parts, que les garçons mettent les pieds sur la table et que les filles ne rentrent pas la nuit. Ça, c'est l'ordre, la ménagère veut le progrès, mais elle ne veut pas la pagaille. Eh bien, c'est vrai aussi pour la France. » Féroce, quand il laisse tomber : « Bien entendu, on peut sauter sur sa chaise comme un cabri en disant : l'Europe, l'Europe, l'Europe. »

En revoyant ces émissions, j'ai été frappé de l'attitude de Michel Droit. Très révérencieux dans la forme, il a toujours tenu à aborder clairement et franchement tous les problèmes de fond. Et pourtant c'était le général de Gaulle. C'est une démarche à retenir pour bien des journalistes qui ont du mal à trouver le bon positionnement face aux leaders politiques. Les questions n'étaient d'ailleurs pas préparées. Michel Droit les improvisait. Seuls les thèmes étaient abordés dans de longues conversations à l'Élysée les jours précédents.

Pour la petite histoire, une seule coupe fut réalisée sur 90 minutes. C'était un passage très imagé puisque le général parlait de « ces enfants de chœur qui ont bu le vin des burettes et qui sont ivres ». Il reconnut que c'était peut-être trop.

Les démonstrations télévisées du général entraînent évidemment de nombreux commentaires de la presse. On lit dans le journal *Le Monde* : « La campagne électorale a finalement contraint le général de Gaulle à descendre chaque soir dans l'arène et à se plier aux nouvelles lois du genre. Répondant à une série de questions de M. Michel Droit qui donnait parfois l'illusion de la spontanéité et de l'improvisation, M. Charles de Gaulle, comme dit le Conseil constitutionnel, donna tout d'abord l'impression d'une certaine fixité mais ne fut pas long à s'animer pour se montrer au mieux de sa forme. Les gestes y étaient, les hochements de tête, les clins d'œil à l'interlocuteur, mais aussi aux électeurs, sans oublier ce ton volontairement gouailleur qui rappelait irrésistiblement l'ancien chef du R.P.F. » On lit encore dans le quotidien du soir à propos d'une autre émission : « Son numéro n'en fut pas moins éblouissant et l'on ne pouvait s'empêcher de penser à chaque instant que la campagne électorale commence à l'amuser prodigieusement. Si certaines prestations antérieures du chef de l'État avaient pu donner une impression d'usure, c'est la juvénilité qui frappait le plus dans la démonstration de mardi soir. »

Pour de Gaulle, la découverte de la télévision en tant qu'acteur date de 1958. Amorçant son processus de retour au pouvoir, il s'est vu un soir à la télévision. Chaussé de ses lunettes, il lisait un texte lors d'une conférence de presse. Il s'est trouvé bien mauvais. Cette expérience l'a convaincu que la télévision imposait une expression adaptée et beaucoup plus directe. Pour en avoir le cœur net, le général demandera, quelques jours plus tard, à Marcel Bleustein-

Blanchet de lui rendre visite pour lui en parler. Les recommandations de l'un des plus grands publicitaires contemporains ne feront que conforter son analyse : la télévision est un média intimiste. Il faut parler directement à ceux qui vous écoutent.

Dès cet instant, du fait de sa mauvaise vue qui l'empêche d'avoir recours à des notes et de la coquetterie qu'il met à ne pas utiliser ses lunettes, le général apprend par cœur ses interventions télévisées. La télévision a quelques années, lui près de soixante-dix. C'est fou ce qu'ils se sont compris !

Il s'attache également à illustrer ses propos « d'idées, de mots, d'images lancés sur ces ondes merveilleuses », selon sa propre expression, en inaugurant la Maison de la Radio.

Onze années de pouvoir furent ainsi rythmées par le « pronunciamento militaire », le « volapück », le « tracassin », la « chienlit » ou les « politiciens au rancart ».

En 1958, le général balaie une question d'une phrase : « Croit-on qu'à soixante-sept ans je vais commencer une carrière de dictateur ? » En 1962, il revêt l'uniforme pour s'adresser aux Français au moment de l'insurrection d'Alger. Lors de l'affaire Ben Barka, il répond à un journaliste s'étonnant qu'il n'ait pas fourni plus tôt d'éclaircissements : « C'est le fait de mon inexpérience. » Il s'adresse une autre fois à un représentant de la presse un peu long, avec le célèbre « Je vous remercie de votre conférence de presse ». Il parle à des foules en liesse en allemand, en turc, en espagnol et même en russe.

La fin de sa carrière à l'Élysée est marquée par trois gestes. A Montréal, sur le ton de la confidence, il confie un secret aux Canadiens français en leur demandant de ne pas le répéter : leur rassemblement lui rappelle la Libération. Il précise, plus tard, dans une conférence de presse, qu'il a résumé le tout en criant : « Vive le Québec libre. » En mai 68, il choisit la radio pour lancer l'appel qui mit définitivement fin à une épreuve dans laquelle le régime faillit sombrer. Nostalgie de Londres ? Souhait de faire venir du monde à la manifestation des Champs-Élysées ? Il y avait assurément les deux. On peut aussi y déceler le souhait du général de ne pas apparaître vieillissant sur les écrans de la télévision après une crise provoquée par la jeunesse. Au fond de lui, il en comprenait les raisons. Tous ceux qui l'ont approché ont confirmé que Charles de Gaulle était très préoccupé par les atteintes de l'âge. Son dernier geste, enfin, arrive le soir de l'échec du référendum : un adieu sous la forme d'un communiqué de 19 mots.

Les interventions de John Fitzgerald Kennedy étaient préparées avec plus de soin encore que celles du général de Gaulle.

Tout le système américain est construit sur l'audiovisuel. Un changement de président n'affecte pas en profondeur la société américaine autant que l'alternance dans un pays comme la France. La communication joue de ce fait un rôle décisif pour faire la différence.

En France, la société fonctionne selon le principe de l'intérêt général dominant les intérêts particuliers. Aux États-Unis, Tocqueville notait déjà dans *De la démocratie en Amérique* que le pouvoir était un arbitrage entre les différents groupes de pression. Outre-Atlantique, la communication cherche plus à toucher chaque catégorie spécifique que l'ensemble des citoyens. La règle d'une bonne campagne est donc le quadrillage des différents électorats. Priorité absolue est donnée au ciblage. C'est le cas pour la télévision. On en a vu un bon exemple avec la campagne du général Eisenhower. Avec 240 millions d'habitants répartis sur trois fuseaux horaires, la TV n'est qu'un média local d'une action nationale.

C'est le cas aussi du mailing. Revenus, impôts, contributions, souscriptions..., aux États-Unis tout est public. Il n'y a ni goût du secret, ni commission informatique et liberté. L'ordinateur est mis au service de cet immense travail de fourmi : il n'est pas rare qu'un électeur reçoive une bonne dizaine de lettres personnalisées. La visite d'une permanence de campagne vaut le détour. Les piles de documents se succèdent : lettres aux sages-femmes, pompiers, homosexuels, etc., lettres en fonction des origines italiennes, irlandaises, juives, polonaises, hispaniques, chinoises, etc., lettres des comités de quartier, de personnalités influentes, de simples électeurs, d'associations dont le destinataire s'occupe, du comité de l'école à l'amicale de la police en passant par l'association de bienfaisance.

Kennedy avait bien compris les enjeux de la communication. C'est lors de sa campagne de 1960 que l'utilisation du marketing téléphonique a franchi une nouvelle étape. Le débat télévisé qui lui permit de l'emporter en février 1960 fut suivi par 70 millions d'Américains. Le jeune président l'emportera avec 100000 voix d'avance.

Il y eut en fait une confrontation en quatre parties. Seule la première fut décisive, le 26 septembre 1960. Nixon était beaucoup plus connu que son adversaire. Il était considéré comme un homme politique efficace et ayant fait ses preuves, qualités qui n'étaient pas les points forts de Kennedy.

A l'issue de l'émission, les observateurs trouveront le candidat républicain, même mal rasé, plutôt meilleur. Les sondages, eux, donneront l'avantage au représentant démocrate.

Pierre Salinger, ancien collaborateur du président américain, m'a remis en mémoire un élément capital pour illustrer le poids de la communication. Dans les tests qui ont suivi le débat, Nixon l'emporte auprès des auditeurs de la radio. Il est nettement distancé chez les téléspectateurs dont le nombre est beaucoup plus élevé. L'affectivité télévisuelle l'emporte sur la crédibilité radiophonique. L'image gagne contre l'expérience.

Nous avons connu, vingt ans plus tard, une situation à peu près analogue en France. Aux yeux du public, le leader doit dominer nettement son challenger. En 1981, Giscard, comme Nixon, joua sur la défensive. Il parlait à son adversaire comme si celui-ci avait déjà gagné. Il donnait de la consistance au choix adverse. Mitterrand, comme Kennedy, parlait, lui, directement à l'opinion publique. A l'arrivée, même en cas de match nul objectif, c'est le prétendant qui l'emporte.

Kennedy a été élu comme il est mort : sur les écrans de la télévision. Lui aussi aura su imaginer sa communication jusqu'au pied du mur de Berlin lorsqu'il criera : « Ich bin ein Berliner. »

Les campagnes électorales aux États-Unis sont totalement planifiées. On l'a vu, l'audiovisuel se taille la part du lion avec les grands débats contradictoires et les spots de publicité. C'est ainsi que Reagan s'est imposé. Dès les élections primaires, il avait massivement utilisé la télévision. Sa communication est essentiellement impressionniste. En 1980, il conclut sa campagne par une longue apparition en direct, au cours de laquelle il parla simplement à ses concitoyens. Un exemple illustre bien ses propos de l'époque. Il s'arrête et dit tout d'un coup : « Il y a quelque temps, un grand journal a titré : le dernier héros américain est mort. Cet homme, c'était mon ami. C'était John Wayne. Nancy et moi le connaissions bien. Non, John Wayne ne sera pas le dernier héros américain. Chacun de vous doit, à nouveau, redevenir un héros américain. »

Lors de la dernière élection face à Mondale,

c'est Ronald Reagan lui-même qui commentait l'un des films. Mais le clou de la campagne reste un superbe film de vingt minutes. Médiocre acteur de film de série B, Ronald Reagan apparaît ici comme un remarquable orateur politique. Durant une vingtaine de minutes, ce film fait alterner images fortes, interviews dans la rue, clichés du président en situation, le tout accompagné d'un montage rapide et d'une musique adaptée.

On est loin de la campagne télévisuelle française où la classe politique défile sans originalité derrière un traditionnel bureau. Quelques questions sans surprise interrompent l'homme politique. L'émission reste fade et sans originalité. Le film de Ronald Reagan est tout autre. On découvre le président aux côtés de sa femme, on l'accompagne dans sa visite aux militaires américains stationnés à la frontière coréenne, on revoit les images chocs de son attentat suivies d'une anecdote détendue sur ses chirurgiens, on le retrouve lors d'un week-end « cool » en train de couper du bois, on écrase une petite larme en voyant « Ron » célébrer dignement le 40e anniversaire du « D-Day » en Normandie.

Ces tranches de vie du président américain sont entrecoupées d'interviews présentant des supporters inconditionnels de la politique menée aux U.S.A. depuis 1980. Des jeunes, des femmes, des retraités, des cadres, des ouvriers, chaque catégorie a le droit d'entendre sa batterie d'arguments expliquant l'adhésion au président en exercice.

Les symboles sont essentiels. Ils s'adressent plus au cœur qu'à la raison et jouent avant tout sur la fibre nationaliste tant développée outre-Atlantique. Les drapeaux américains se succèdent sur l'écran, la statue de la Liberté trône fièrement entre deux images de « Ron » ; quant à la chanson qui accompagne les images, elle se termine par la célèbre formule « God bless the U.S.A. ».

Ce film publicitaire met en évidence deux aspects de la campagne américaine. Ronald Reagan est un homme de communication. Son regard, sa voix et son attitude générale sont en harmonie. Il sait être drôle ou émouvant selon les circonstances. Son ton est toujours adapté à la situation. La publicité politique n'est pas forcément soporifique. La créativité permet d'illustrer le discours politique avec des images fortes et attrayantes.

Je ne résiste pas au plaisir de faire à nouveau référence à Jean Baudrillard : « Reagan est certainement le représentant parfait de l'Amérique (qui en cela est une démocratie absolue). Il représente la promotion définitive du slogan publicitaire (" vous êtes les meilleurs ") au niveau politique, la revanche du spectaculaire et du publicitaire sur le politique et donc aussi la revanche du peuple sur la classe politique. Si vous n'aimez pas ça, tant pis pour vous. »

D'ailleurs, à quoi bon chercher à se justifier ? La communication n'est qu'un haut-parleur. Elle amplifie le message. Bon ou mauvais. Elle sert de révélateur. En bien ou en mal. Le jury est permanent. C'est l'opinion. Un mauvais produit, même promotionné, ne tiendra pas le parcours. Un bon produit ne réussira pas sans communication.

Qui doute de la sincérité des grands communicateurs ? Qui penserait que les tournées du pape sont faites pour pallier une absence de conviction ? Qui oserait dire que la mise en scène, le choix des mots, le sens des formules, le goût des images du général de Gaulle compensaient la pauvreté des idées, des engagements, du projet ? Qui dirait que la communication spontanée, simple, directe de Ronald Reagan est faite pour camoufler son bilan ? N'en était-il pas de même pour John Fitzgerald Kennedy, dont la pro-

sse publicitaire a été largement respectée le
mps d'un mandat tragiquement interrompu ?

Jean-Paul II, Charles de Gaulle, John Fitzgerald Kennedy et Ronald Reagan sont les grands communicateurs du monde contemporain. Leur exemple suffit à reléguer au musée de l'incommunication les précieuses ridicules qui s'offusquent des nouveaux médias, de la publicité, des technologies de communication avancées.

C'est la meilleure campagne qui l'emporte

Allons plus loin.

A tous les niveaux de la vie politique, économique, sociale, plus vous avez les idées claires, plus vous êtes prêt à communiquer. J'en ai fait cent fois l'expérience.

Plus la pensée est floue, la démarche incertaine, moins vous êtes ouvert à la communication. Peut-on être un bon candidat et un mauvais maire ? Non, sauf si l'on s'arrête de communiquer. Le risque est de s'enfermer alors dans la gestion, de délaisser les contacts, d'oublier que les électeurs devenus citoyens gardent les mêmes exigences, même si les contraintes ont changé.

Je m'efforce de donner plus loin quelques exemples concrets, au niveau local, de cette adéquation entre une bonne campagne, la victoire électorale et l'efficacité de l'élu. Là où les meilleures campagnes n'ont pas gagné — parce qu'il était politiquement trop tôt ou que la communication était trop tardive — elles ont souvent bouleversé l'équilibre politique de la vie locale. Comme à Nevers où Hervé de Charette, un inconnu dans cette ville, a mis en difficulté en quelques semaines deux ministres dans un bastion socialiste. Il est aujourd'hui le leader de l'opposition dans la Nièvre. Comme à Marines, dans le Val-d'Oise, où mon propre frère Fabrice Saussez, après avoir brillamment remporté les élections municipales, a été distancé aux dernières cantonales par le conseiller général sortant. Il lui manquait un réseau dans le canton. Il l'a aujourd'hui.

Aux présidentielles, qui se jouent à quelques points près, ce sont aussi les meilleures campagnes qui gagnent. Elles font la différence.

En 1969, Alain Poher est bien placé. On a vu qu'il aurait mieux fait de ne pas faire campagne, sauf si elle n'avait duré qu'une semaine. Georges Pompidou gagne avec un slogan déjà publicitaire : « Pompidou tient ce qu'il promet. »

En 1974, Mitterrand fait une campagne partisane, idéologique et confuse. Claude Perdriel, chargé de la communication, ne veut pas de sondage. Il se contentera de celui réalisé par la Sofrès pour Gaston Defferre. Il en résulte que le candidat de la gauche doit politiser sa campagne plutôt que de la personnaliser.

Ce choix inverse à celui de Giscard, Claude Perdriel le revendique : « Dans toutes mes propositions, j'ai cherché à mettre en avant les idées plutôt que l'homme. C'est pourquoi nos grandes affiches ne ressemblent pas à celles des autres candidats qui jouent avant tout sur leurs photographies. Ainsi, de quel droit Giscard serait-il un vrai président ? Les autres seraient-ils des faux ? En utilisant de tels arguments, on n'explique rien et on ne différencie pas un candidat à la présidence de la République d'une machine à laver, voire d'une marque de fromage. »

L'affiche commerciale de François Mitterrand est conforme à cette stratégie : « La seule idée de la droite, garder le pouvoir. Mon premier projet, vous le rendre. »

La photo sera jugée dans les tests trop petite, un

peu sombre, donnant l'air narquois. Une partie non négligeable des électeurs de droite ne comprendra d'ailleurs rien au message (c'est le cas, par exemple, de 30 électeurs de Chaban sur 180).

Cette campagne personnelle de François Mitterrand est conduite en parallèle à celle du P.S. animée par la commission de propagande du parti. Rapidement, la confusion s'installe. Toute immixtion de nouveaux venus est difficile dans un parti. Au deuxième tour, « le corps étranger », en l'occurrence Claude Perdriel, est rejeté. Une nouvelle cellule de campagne est mise en place. Claude Marti y fait son entrée.

Chez Giscard, au contraire, les choses se passent dans l'ordre et la sobriété. C'est Jacques Hintzy qui dirige les actions de communication. Giscard sort de ses tiroirs une photo avec sa fille. Elle est immédiatement choisie et assortie du slogan : « Un vrai président. » Cette réalisation arrive largement en tête dans les études d'impact : « Il s'intéresse à la famille, à la jeunesse, il est jeune, sympa, décontracté. »

Les situations se sont curieusement inversées sept ans plus tard. Le 8 novembre 1980, François Mitterrand annonce sa candidature. Ce jour-là, l'essentiel de sa campagne est au point. Dès le mois de juin, il a rencontré Jacques Séguéla.

Chat échaudé craint l'eau froide. Mitterrand ne commet pas la même erreur qu'en 1974. Le ton de sa campagne est beaucoup plus personnel, son organisation très resserrée. Derrière un large collectif de 33 personnes et un groupe de réflexion de 6 responsables, c'est pour l'essentiel un tandem qui est chargé de la conception de la campagne. Il comprend Gérard Cole et Jacques Séguéla qui seront régulièrement rejoints par Françoise Castro, Joseph Daniel, Jacques Pomonti et Gérard Unger. Le tout est directement placé sous l'autorité du candidat.

Le matériel publicitaire de la campagne n'est pas exceptionnel. Gérard Unge parle de réalisation « catastrophique », Bernard Cathelat d'« affiches illisibles » et de « réalisations techniques déplorables ». Séguéla le reconnaît volontiers. Ce qui est exemplaire, c'est une stratégie respectée de bout en bout. Des émissions télévisées aux meetings, c'est la volonté de calmer le jeu, d'apaiser les esprits, de limiter les craintes, notamment chez les déçus du giscardisme.

Ironie de l'histoire, la campagne de François Mitterrand en 1981 est un remake réussi de celle d'Alain Poher en 1969, le négatif de sa propre campagne de 1974. Je laisse sur ce point le dernier mot à Jean-Pierre Audour, publicitaire, adhérent du P.S., membre influent de la commission Communication et propagande : « L'astuce de cette campagne a été de donner une dimension rassurante à un homme qui proposait le changement. Jacques Séguéla a fait coïncider la volonté de changement avec l'exigence de sécurité. »

La clarté et la cohérence de la « force tranquille » ont balayé un candidat président déboussolé qui, après avoir trop peu écouté, entendait tout le monde.

Quatre mois avant le premier tour, la nuit tombe sur le superbe parc du Palais-Royal. Sous les lambris dorés du ministère de la Culture, Jean-Philippe Lecat regardait des projets de maquettes. Ses appréciations étaient pour moi autant de surprises. Le président n'avait rien préparé, si ce n'est un vague organigramme de campagne. C'était pourtant la première élection à échéance connue depuis 1965 ! Mitterrand, lui, avait déjà sa campagne en poche.

« L'équipe de 1974, c'était comme l'armée d'Italie de Bonaparte : peu nombreuse, entraînée par un élan formidable. L'équipe de 1981 ressemblerait plutôt à la Grande Armée pénétrant en Russie », dira Michel Pinton, délégué général de l'U.D.F. Giscard ne s'implique pas vraiment dans la campagne. Philippe Pontet, l'un des responsables du staff de la rue de Marignan, expliquera que le président considérait que la campagne se ferait à la télé. Cinq équipes différentes préparent des projets. Autant de dirigeants se partagent les responsabilités et ils ne vont pas toujours dans le même sens.

Le citoyen candidat change d'ailleurs de stratégie en pleine campagne. Il avait annoncé qu'il ne parlerait pas de ses adversaires. Sans doute pour bien montrer la différence. Il s'en prendra pourtant « au chœur des neuf pleureuses » et modifiera en fin de course le ton de ses interventions.

François Mitterrand en prend note : « Comme il était superbe il y a trois mois ! Il n'allait pas s'occuper de ses concurrents, petit troupeau de neuf personnes sans importance. Et voilà qu'il se démène comme un diable sorti de sa boîte. »

Pour Michel Bongrand, un tel système a ôté toute unité à la communication de Valéry Giscard d'Estaing au cours de cette campagne. Au deuxième tour, alors que nous proposons à l'un des animateurs de la campagne une vaste action de mobilisation des gaullistes, il répond dédaigneusement : « Vous ne croyez pas que nous allons faire le lit du R.P.R. aux législatives ! » A l'initiative de Roland Nungesser, cette action est finalement menée mais de peu d'ampleur. Son thème est : « Quand l'avenir de la France est en jeu, les gaullistes ne s'abstiennent pas. »

Trois victoires, trois slogans mais au-delà trois campagnes parfaitement cohérentes au déroulement maîtrisé, à la stratégie respectée de bout en bout.

Il y a d'ailleurs un signe qui ne trompe pas. C'est d'aller faire un tour dans les états-majors des candidats. En 1974, un journaliste décrivait cette promenade de la façon suivante : « Chez Mitterrand, il y a beaucoup de monde et c'est un peu la pagaille. Chez Chaban, il y a des ordres et des contrordres. Chez Giscard, c'est calme et organisé. » Nul doute qu'il ait fait, sept ans plus tard, le constat inverse chez les deux protagonistes de l'élection présidentielle.

Les campagnes se perdent dans l'imprécision du message, l'improvisation de la communication, le flou des structures d'organisation. L'expérience prouve que les trois vont souvent de pair.

CHAPITRE V

Profession : communicateur

En 1980, Jean-Pierre Piotet, auteur du livre *Nous sommes tous des candidats,* intervient aux cinquièmes Rencontres universitaires des politistes francophones. A ses yeux, le marketing politique n'a pas bonne presse. Il fait, notamment, référence à une citation de Michel Poniatowski dans son livre *Conduire le changement* : « Autre leçon tirée de la campagne présidentielle : fuir comme la peste les experts en publicité ou autres spécialistes de marketing. Ils n'ont aucune connaissance des phénomènes politiques et s'imaginent qu'on peut vendre un candidat comme une pâte dentifrice. Nous avons consulté les ténors de la profession. Tout ce dont ils sont capables, c'est de tendre des calicots dans une salle des fêtes pour préparer un meeting, et encore, je les ai vus les mettre à l'envers. »

Jean-Pierre Piotet ajoute : « Il n'existe pas actuellement en France d'homme capable d'opérer une synthèse opérationnelle entre les résultats qui se dégagent de l'étude d'un électorat et les actions qui, normalement, en découlent. »

Sans doute avait-il en partie raison. On ne peut plus tenir sérieusement ce raisonnement aujourd'hui.

Le public acquis à la publicité commerciale ne

manifeste aucune réserve — au contraire — vis-à-vis de la communication politique lorsque celle-ci est équilibrée. Les élus et candidats, malgré les réticences évoquées, ne peuvent plus sérieusement se passer de l'apport des nouvelles techniques.

Ce double constat donne naissance à une véritable profession s'appuyant, justement, sur le concept de communication globale. La proportionnelle, même le temps d'un scrutin, va accroître l'influence de cette discipline. S'adresser à 100 000, 300 000 ou un million d'électeurs impose une vraie démarche professionnelle. L'ouverture aux nouveaux médias confirmera la nécessité pour les hommes politiques de faire appel à des spécialistes.

L'approche scientifique

La communication politique poursuit deux objectifs :

— La notoriété, c'est-à-dire le pourcentage d'électeurs qui connaissent le candidat.
— L'image, c'est-à-dire la perception par l'électorat des qualités du candidat.

Le citoyen, pour vous juger, doit vous connaître. Cette notoriété peut être atteinte par la publicité. Il est établi qu'une campagne d'affichage commercial soutenue par des publicités dans la presse augmente la notoriété de 5 à 20 % en fonction de son intensité. La notoriété peut aussi être le résultat naturel d'une longue présence sur le terrain.

Mais cela n'est pas suffisant pour être élu. Heureusement, d'ailleurs, car, dans ce cas, l'argent investi pourrait décider du scrutin. En définitive, un candidat est élu sur son image. On vote en fonction de la compétence, de la proximité, de la disponibilité, du degré d'affinité politique avec le candidat, de ses qualités personnelles. Tous les sondages concordent sur ce point pour montrer qu'une majorité d'électeurs accordent une grande importance aux qualités personnelles du candidat.

Deux cas de figure peuvent se présenter. Si les écarts sont larges, la communication électorale ne peut en aucun cas changer le scrutin. Elle peut juste amplifier la victoire ou limiter l'échec. Les jeux sont faits d'avance. L'investissement en image a été préalable. La campagne électorale en est l'aboutissement. Par contre, si les écarts sont faibles, tout est possible. Les techniques modernes, à commencer par les sondages, permettent de définir les hésitants et les indécis, les moyens de les toucher, les arguments pour les convaincre. Même limitée, l'efficacité de la communication est décisive. A quelques % près, elle fait la différence.

Notre intervention commence par une connaissance la plus précise possible de l'électorat. C'est vrai sur le plan purement statistique à partir des données de l'I.N.S.E.E. : répartition par âge, sexe, catégorie socioprofessionnelle, type d'habitat, etc. On ne fait pas la même campagne dans une ville que dans un secteur rural, auprès d'un électorat plus âgé que la moyenne nationale ou plus féminin. C'est plus vrai encore dans la compréhension des besoins de l'électorat, de ses mobiles de vote, de l'image des différents candidats en présence.

Il est périlleux d'aller parler à une opinion sans avoir pris son pouls. Nous disposons pour y parvenir d'une large panoplie d'enquêtes de motivation, de réunions de groupe, de sondages.

Les enquêtes de motivation sont réalisées à partir d'entretiens non directifs, réalisés à domicile par des psycho-sociologues. Ces entretiens durent de une à deux heures. Ils ont pour but de faire émerger librement par les personnes interrogées ce qu'elles ont sur le cœur, les vrais problèmes, l'image des hommes politiques.

Leur inconvénient est de ne pas être représentatives de la population. Pour des raisons de délai et de coût, on ne peut interroger que 10, 30 ou 100 personnes. Leur avantage est de fournir une approche tout à fait spontanée, riche sur le plan du contenu, intéressante par le langage, les formules utilisées. Il y a quelques années, une telle enquête a montré que le premier problème d'une ville de l'Ile-de-France était non pas le chômage ou l'insécurité mais... les crottes de chien sur le trottoir. 18 interviewés sur 20 en parlaient en priorité. Le discours était très structuré : « C'est inesthétique pour la ville, pas hygiénique pour les enfants, dangereux pour les personnes âgées qui peuvent glisser dessus. » Depuis, cette enquête a souvent été confirmée dans d'autres villes et n'est pas pour rien dans la décision de bien des élus de s'attaquer à ce problème.

Le sondage est d'autant plus efficace que ses questions sont rédigées après une enquête de motivation. Le questionnaire est alors mis au point en fonction d'un premier aperçu des réalités. Son inconvénient majeur, fournir des chiffres mais pas d'explications, est ainsi largement atténué. Lui seul peut permettre avec assez de précision de définir la stratégie de campagne et notamment d'isoler les hésitants et les indécis. Toute une batterie de questions croisées les unes aux autres est destinée à déterminer cette catégorie essentielle.

Dans l'une de nos plus récentes campagnes, cette cible clairement identifiée était composée de 35-54 ans, surtout dans le centre ville. Le type d'habitat, les lectures favorites et les habitudes d'écoute de la radio et de la télévision ont également été déterminés.

Nous utilisons plutôt les réunions de groupe pour confronter les électeurs favorables et défavorables. Dans une salle sont réunies les personnes hostiles au candidat, dans une autre pièce un groupe acquis a ses idées. Pendant une heure, chaque groupe définit ses orientations, ses idées, ses motivations. Ensuite, les deux groupes sont mis en rapport par circuit vidéo interposé pour confronter leurs arguments. Ces échanges sont passionnants dans la mesure où ils préfigurent le déroulement de la campagne et permettent de construire un solide argumentaire.

De cette façon, nous nous sommes rendu compte qu'un candidat avait une meilleure image après la projection d'un film vidéo sur ses activités. Ce moyen a évidemment été largement utilisé lors de la campagne. Nous avons aussi recours à ces réunions pour tester et améliorer le matériel de campagne. Un groupe sécrète souvent une réelle puissance de créativité. Durant cette phase de diagnostic et quelles que soient les techniques utilisées, nous analysons en détail le « produit » constitué du couple formé par le candidat et ses idées, sa personnalité, ses engagements et son programme. Nous pouvons ensuite croiser les objectifs du candidat avec les attentes de son électorat. C'est ainsi que naît la stratégie de campagne, partie invisible de l'iceberg de la communication politique, mais décisive dans l'orientation des messages comme des actions.

Toute bonne stratégie répond à quatre questions simples :

— quoi dire ?
— quand le dire ?
— à qui le dire ?
— par quels moyens le dire ?

Un candidat sans stratégie est une machine

déboussolée. Il ne sait pas où il va. Il subit les pressions contradictoires de son entourage. Il joue constamment sur la défensive, non sur l'offensive. J'en ai donné des exemples à plusieurs reprises. Mieux vaut améliorer une stratégie médiocre que d'en changer en cours de campagne.

Aux municipales de 1983, un grand maire de l'opposition me téléphone. Avisé, il faisait réaliser tous les six mois par un grand institut un baromètre de l'évolution de l'opinion. Son dernier sondage faisait apparaître qu'il perdait 3 % d'intentions de vote chez les femmes. Que faire ? Je lui propose de réaliser immédiatement une enquête de motivation auprès de son électorat féminin. Les psycho-sociologues se mettent au travail et vont réaliser des interviews en profondeur auprès de 30 habitantes de cette ville. L'enquête a servi bien au-delà de la cible féminine. Le maire était un bon gestionnaire. Mais il était trop prévisible, ne surprenait plus, n'était pas assez présent sur le terrain. Les électrices avaient l'impression qu'il ne faisait plus d'efforts, n'exprimait plus l'envie de les séduire, de profiter de l'élection pour repartir à leur conquête.

Pendant ce temps, un jeune prétendant occupait le terrain, même avec des erreurs. Vieux problème du mari sérieux qui abandonne le terrain au prétendant séduisant.

A l'issue de l'enquête, la campagne du maire a évolué. Plus forte : de nouveaux moyens ont été mis en œuvre pour montrer l'intérêt que le candidat portait à la campagne. Plus présente : avec une meilleure occupation du terrain, visites, promenades, réunions, etc. Plus chaleureuse : sur ses brochures comme dans la rue, on l'a vu davantage en famille, notamment avec sa femme.

Il est arrivé la même aventure à quelques grands notables socialistes. Mais eux ne devaient pas faire de sondages. Leur image était usée, leurs adversaires plus coriaces.

Hubert Dubedout, à Grenoble, ou Robert Pontillon, à Suresnes, tenaient leur ville. Ils ont, petit à petit, délaissé le terrain, abandonné leur communication à des réseaux patiemment tissés. Ils n'ont pas vu venir la menace d'une opposition montante, aiguisée par la lassitude de l'opinion et leur éloignement. Fins politiques, mais piètres communicateurs, ils ont fait le raisonnement traditionnel : « Laissons le petit jeune faire son tour de piste. Au dernier moment, nous monterons au créneau et porterons l'estocade. » Le raisonnement est bon lorsque vous êtes en pleine ascension d'image et de crédibilité. Pas quand la courbe commence à redescendre.

J'ai en tête l'exemple inverse, celui d'un des meilleurs maires de France. Il avait pris la tête de la mairie en cours de mandat. C'est un métier qui s'apprend. Son caractère l'a poussé à prendre les dossiers en main avant d'aller sur le terrain. On le lui reprochait. En plus, il était juif pied-noir... à Mulhouse, en Alsace ! Deux raisons pour le microcosme de le donner irrémédiablement battu. C'est lui qui s'est battu. Huit mois avant les élections, il me demande de mettre en place son plan de communication. Les sondages sont bien meilleurs que l'appréciation des observateurs dits bien informés en indiquant, par exemple, que 8 % seulement des électeurs votent en fonction des origines du candidat. Ils regonflent Joseph Klifa à bloc. C'est une vertu des études dont on parle peu mais qui me semble essentielle. Plutôt mauvaises, elles ramènent le candidat à la réalité, l'obligent à poser les pieds sur terre. Plutôt bonnes, elles dynamisent et mobilisent le candidat et son équipe.

Le maire de Mulhouse a parcouru sa ville en tous sens pour faire le bilan de son mandat. La pré-campagne a fait mieux connaître sa personnalité profonde à l'ensemble de ses électeurs. La campagne a permis de préciser ses objectifs pour l'avenir : un programme précis pour six années. De cette campagne, qui demeurera l'un de mes meilleurs souvenirs professionnels, deux anecdotes resteront gravées. Elles entreront un jour dans la petite histoire de la communication politique.

Nous avions décidé, deux semaines avant le premier tour, de réaliser puis de publier un sondage sur les intentions de vote. Joseph Klifa avait un challenger dans l'opposition. Celui-ci avait construit toute sa campagne sur le vote utile. Il se prétendait le mieux placé pour battre au second tour le député socialiste, Jean-Marie Bockel, et empêcher ainsi Mulhouse de virer à gauche. L'exploitation du sondage devait prouver le contraire. Un grand quotidien régional voulait bien le publier, à la condition d'en assurer la réalisation. De ce fait, nous n'étions plus maîtres de son exploitation, quels qu'en soient les résultats. Le jeu en valait la chandelle. Ils furent à la mesure de nos espoirs : 34 % pour Joseph Klifa, 23 % pour le challenger de l'opposition. Des tirés à part furent aussitôt distribués dans la ville. A l'image du gestionnaire et de l'homme de terrain s'ajouta ainsi, dans la dernière ligne droite, celle du meilleur candidat de l'opposition nationale.

La campagne du deuxième tour fut, bien évidemment, axée sur le thème de l'union. Le choix était clair : Joseph Klifa ou Jean-Marie Bockel. Nous avons obtenu à Paris des témoignages de soutien de Jean Lecanuet, Valéry Giscard d'Estaing, Raymond Barre et Simone Veil. La réponse du R.P.R. se faisait attendre. Sa section locale devait se réunir le mardi soir. Nous avons précipité le mouvement en faisant savoir à Jacques Chirac qu'il pouvait difficilement être le seul à ne pas apporter son appui au maire de

Mulhouse. Il fallait effacer les séquelles du premier tour, soutenir franchement dans l'union la plus large celui qui allait gagner. A 16 heures, ma collaboratrice était à la mairie de Paris et à 19 heures à Mulhouse, munie de la lettre de Jacques Chirac. Tandis que la section locale du R.P.R. se réunissait, le journal du deuxième tour roulait déjà sur les presses de l'imprimerie.

La communication n'a pas fait élire le maire de Mulhouse. Elle a révélé qu'il n'était pas uniquement un gestionnaire. Elle lui a permis, par l'écart avec la liste concurrente de l'opposition, d'éviter toute négociation entre les deux tours et de gérer la ville avec une équipe homogène. Elle a amplifié ses résultats, 63 % des voix au second tour. Cette campagne a reposé, de bout en bout, sur une stratégie claire, déterminée et une parfaite collaboration. Sur le fond, le maire savait ce qu'il voulait. Sur la forme, il écoutait les professionnels.

Électeur, où es-tu ?

Une bonne stratégie de campagne repose sur la précision avec laquelle sont définies les cibles prioritaires. A cette fin, on l'a déjà vu, toute une série de questions est intégrée dans les enquêtes d'opinion. Elles font, ensuite, l'objet de croisements savants.

A partir des travaux de Denis Lindon et de Pierre Weil, on peut considérer la classification du corps électoral en quatre familles.

Regardons tout d'abord l'électeur acquis. Son tempérament, ses motivations, l'image qu'il a des partis et des hommes politiques le prédisposent, d'une façon presque certaine, à voter pour un certain candidat. A l'époque, la Sofrès a chiffré à 91 % les chances qu'il a de voter en conformité avec cette position de départ. Ce n'est pas une raison pour le négliger.

Son corollaire est l'électeur lointain. Il fait partie du noyau dur d'un groupe qui vous est hostile. Il y a seulement, toujours d'après les mêmes études, 3 % de chances qu'il vote pour vous.

Vient ensuite l'électeur fragile. Il a plutôt envie de voter pour vous, mais n'est pas vraiment décidé. Il existe, à peu près, une chance sur deux qu'il transforme son hésitation en vote favorable. Chaque bloc électoral a, bien entendu, ses électeurs fragiles.

Enfin, voici l'électeur potentiel. Il a une longue prédisposition à voter pour un autre. Mais vous pouvez encore l'attirer à vous (23 chances sur 100).

Il faut, je crois, compléter ce dispositif avec deux catégories qui sont, si je puis dire, les plus difficiles à manier. L'hésitant absolu, l'indécis total balancent plutôt à gauche ou plutôt à droite, mais pas vraiment vers un homme ou un parti. Ils se réfugient souvent dans l'abstention, mais ce n'est pas chez eux une position absolue. L'abstentionniste volontaire, lui, donne à son refus de voter une signification politique. C'est l'électeur de droite découragé aux législatives de 1981, l'électeur de gauche déçu depuis 1981.

Ce marché électoral coupé en six conduit, évidemment, à un jeu de l'oie stratégique tout à fait passionnant.

Priorité des priorités : conforter les acquis. Rien ne sert de gagner 1 % d'électeurs potentiels si vous perdez 3 % de favorables.

Deuxième principe : ne pas mobiliser les abstentionnistes volontaires du camp adverse.

Troisième niveau : faire passer les fragiles dans la case acquis. C'est plus sûr.

Ensuite transformer les électeurs potentiels en

électeurs fragiles (cela double les chances d'obtenir leurs voix). Revenir après au troisième niveau.

Enfin, raffinement suprême : séduire les hésitants, indécis, réfractaires de tout poil à l'engagement électoral. C'est la tâche la plus délicate puisqu'ils sont évidemment les moins sensibles à l'actualité politique et aux informations électorales.

L'exercice peut paraître compliqué, mais de lui dépend la totalité des scrutins serrés. Ils sont nombreux en France, des élections cantonales aux élections présidentielles.

Pour illustrer mon propos, prenons l'exemple de Sarcelles, bastion communiste, symbole d'une ceinture rouge qui se défait.

Aux municipales de 1983, l'opposition gagne les élections, mais sa victoire lui est ravie par la fraude. Il existe mille et une façons de frauder, de la plus simple : une mine de crayon sous l'ongle et le bulletin est considéré comme rayé, donc nul, à la plus compliquée : c'est le cas des enveloppes kangourous. Préalablement décollées, elles libèrent en tombant dans l'urne d'autres enveloppes.

A Sarcelles, la technique mise en œuvre est plus rudimentaire. La mairie est entourée d'un cordon sanitaire de militants communistes. Nul n'y entre sans montrer patte rouge. Pendant ce temps, une feuille d'émargement est tranquillement corrigée.

Certes, les élections sont annulées. Mais, après tout, cela redonne une nouvelle chance aux fraudeurs. La consultation est fixée à novembre. Dès juin, nous procédons à un sondage d'opinion. L'image du maire communiste est encore bonne, son bilan convenable, la personnalité du candidat de l'opposition appréciée. La ville reste politiquement et sociologiquement de gauche. Il est exclu, dans ces conditions, de faire une campagne politisée à outrance. Elle ne ferait que mobiliser un électorat majoritairement hostile, dont on voit bien qu'une partie va s'abstenir. Dès lors, l'effort a porté sur l'image de la tête de liste de l'opposition, Raymond Lamontagne, et les trois priorités attendues par les Sarcellois : l'emploi, la sécurité, le cadre de vie. Il est presque impossible de battre un maire sortant si le challenger n'atteint pas, au moment du scrutin, un minimum de crédibilité, une valeur d'usage comparable.

Les deux cibles prioritaires de la campagne sont clairement identifiées. Il s'agit de mobiliser l'électorat favorable du vieux Sarcelles, notamment par une opération téléphone. Il s'agit de gagner un électorat potentiel déterminant : celui des personnes âgées. Cette catégorie vote à droite aux élections nationales, mais son comportement est plutôt légitimiste dans les scrutins locaux. Le maire touche là les dividendes de l'action sociale et des nombreuses attentions manifestées au troisième âge.

Les lettres personnalisées constituent le moyen le plus efficace de s'adresser à ces électeurs.

Raymond Lamontagne a été élu avec 54 % des voix au premier tour. Cette fois-ci, la régularité du scrutin était contrôlée par des magistrats.

Ce panorama serait incomplet si je ne mentionnais pas le cas où il est impossible de maîtriser la stratégie de campagne. L'exemple d'Étampes, dans l'Essonne, est, à cet égard, significatif. Aux élections partielles de mars 1984, l'image du maire communiste était encore meilleure qu'à Sarcelles. Le représentant de l'opposition, Xavier Dugoin, par ailleurs très bon candidat, n'avait pas l'implantation du maire de Sarcelles. Nous n'avions pas le choix. Même à contrecœur, la seule solution était d'exploiter le mécontentement national, de politiser la campagne. De l'avis général, elle fut bonne sur le plan technique. Elle bénéficia du soutien de toutes les personnalités nationales, Jacques Chirac et Simone Veil en tête. Le maire communiste fit la même campagne qu'à Sarcelles, très locale. Il y ajouta un camouflage rare pour un communiste : celui de taire son appartenance. Mieux, il baptisa sa liste du même nom que celle de l'opposition aux élections précédentes. Il fut réélu par 53 % des voix.

L'approche scientifique ne concerne pas seulement les études mais aussi la formulation des messages importants. L'ordinateur passe nos textes au crible. Nous pouvons ainsi être certains que le pourcentage de français quotidien est respecté. Nous vérifions que les mots le plus souvent cités sont conformes à nos objectifs. Ce sont évidemment ceux qui sont le mieux mémorisés. Nous allégeons les phrases trop longues. Il est établi qu'en moyenne une phrase ne doit pas dépasser vingt-quatre mots.

Cette approche est capitale dans la rédaction des messages de campagne. Prenons un journal électoral. De façon artisanale, comment est-il préparé ? D'abord, le candidat et son équipe écrivent des textes, beaucoup de textes, des dizaines et des dizaines de pages.

Ensuite, ils cherchent quelques photos pour les illustrer. Un maire puisera dans ses archives. Il y trouvera souvent des photos de chantiers peu aptes à créer une symbolique attrayante. Les autres candidats feront faire des clichés par des amis, généralement un jour de pluie ou par temps gris. Enfin, juste avant que l'ensemble ne parte chez l'imprimeur, on se préoccupe des titres. Cela se termine, le plus souvent, par des mots comme l'assainissement, la voirie, l'éducation, tout un ensemble de signes qui ne déclenchent pas l'enthousiasme du lecteur.

Après distribution dans les boîtes aux lettres, une étude est réalisée. Elle indique que 50 % des lecteurs potentiels ne lisent pas le journal. 30 % parcourent rapidement les titres et les photos. 20 % — on les appelle les fanatiques dans notre jargon — lisent tout de la première à la dernière ligne.

Quand on sait cela, on procède différemment. C'est pourquoi les spécialistes commencent par isoler les 4 ou 5 messages forts. Ces messages font l'objet d'une recherche au niveau du slogan et du visuel. Des enfants heureux créent une qualité de communication supérieure à la photo d'une école en chantier. Titrer « Une ville qui respire » induit un concept plus mobilisateur que « L'environnement ».

Ce n'est qu'ensuite que prend place la rédaction des textes pour illustrer et développer les quelques messages symboliques.

Une stratégie servie par la créativité

On vient de le voir, les techniques les plus sophistiquées n'ont de sens qu'à la condition d'être relayées par une création efficace. Longtemps, elle s'est bornée en politique à tourner autour de quelques slogans plus ou moins éculés. Les meilleurs d'entre nous s'efforcent de faire précéder chaque conception d'une ou plusieurs réunions de créativité.

Cet effort vaut pour l'édition, les journaux, brochures, tracts, dépliants, cartes postales. La brochure de campagne créée à la demande de l'Union pour Paris aux municipales de 1983 et éditée à 800 000 exemplaires reprenait la formule du Club Méditerranée. D'un côté, le bilan, de l'autre, en tournant la brochure, le programme. Ce programme était illustré d'une famille de Parisiens, un couple et trois enfants. On les voyait, avec les grands-parents, pour illustrer la solidarité, se quittant sur le pas de la porte, le mari partant travailler, pour symboliser l'activité économique, devant Notre-Dame pour ouvrir le chapitre sur les loisirs et la culture, se promenant dans les bois dans la partie consacrée à la qualité de la vie. On retrouvait cette famille sympathique autour de Jacques Chirac avec le slogan de campagne : « J'aime Paris, je vote Chirac. »

Chaque moyen doit être adapté au moment où il est utilisé dans la campagne. Comme une brochure, un journal n'a de sens que s'il prend en compte le temps de pénétration de l'information, au moins dix jours.

En fin de campagne, mieux vaut utiliser des supports plus simples. A ce moment, l'électeur est atteint, sous une pluie d'informations contradictoires, par un effet de « ras le bol ». Il n'a plus envie de lire. Nous nous battons souvent avec des candidats qui veulent sortir deux journaux dans la dernière semaine de campagne. C'est beaucoup d'argent dépensé en vain. Mieux vaut une simple carte postale comprenant, d'un côté, une photo sympathique du candidat en situation et, de l'autre, un court message de mobilisation, le plus chaleureux possible.

Cet ultime message de dernière heure est suffisamment important pour faire souvent l'objet d'une fabrication spéciale. C'est ainsi que nous avons sorti aux municipales de 1983 plusieurs cartes marquées d'un simple « Rendez-vous le 6 mars ». En les ouvrant, l'électeur découvrait un message et une main tendant un bulletin au nom du candidat et de la liste. Toujours le symbole !

Cet effort vaut pour l'affichage. Il faut distinguer l'affiche de notoriété, qui doit simplement faire connaître le candidat. Son nom, un slogan, une photo de face les yeux tournés vers l'objectif. De cette façon, le candidat regarde le passant d'où qu'il vienne. Dans le cas contraire, l'affiche de Chaban en 1974 nous le rappelle, le regard de côté est considéré comme fuyant. Les concepteurs de l'affiche de Raymond Barre collée sur les murs de France durant l'été 1985 auraient été bien inspirés de s'en souvenir.

Une telle affiche de notoriété a moins d'intérêt pour un homme politique déjà très connu, sauf pour ne pas abandonner les murs à ses adversaires, sauf si l'expression est réellement nouvelle. Il est préférable, dans ce cas, de choisir un visuel symbolique destiné à affirmer l'image du candidat. Il peut marcher vers le passant, image de dynamisme et de mouvement, tenir sa veste sur l'épaule, image de décontraction et de simplicité, être entouré d'enfants, image d'avenir, bavarder avec des gens sur un marché, image de dialogue et de proximité. Ces exemples ne sont pas pris au hasard. Toutes ces affiches ont été réalisées dans des campagnes électorales ces dernières années.

Toutes ces créations visuelles sont, bien sûr, accompagnées d'un slogan. Il n'est pas inventé par hasard, mais correspond à l'axe de la campagne, au message central à faire passer. Ce slogan est constamment repris et décliné dans tous les moyens utilisés.

Les pré-campagnes personnelles des candidats aux prochaines élections législatives illustrent la diversité des approches :

— pour Albin Chalandon dans le Nord, l'un des slogans mis au point avec une agence de publicité lilloise : « Assez de découragement. Redevenons des vainqueurs. »
— pour Maurice Genoyer dans les Bouches-du-Rhône : « Mieux vaut un député qui a déjà créé des emplois. »
— pour François Bayrou et Alain Lamassoure dans le Béarn et le Pays basque : « Les Pyrénées-Atlantiques ont de l'avenir. »

Pour les élections générales d'octobre 1985 en Belgique, nous avons conçu le matériel de campagne du P.R.L., Parti Réformateur Libéral, l'une des formations de la coalition gouvernementale.

De nombreux projets sont sortis des réunions de créativité regroupant chargés d'études, graphistes, concepteurs, rédacteurs et psycho-sociologues. Nous avons successivement abandonné l'axe sportif (« On ne change pas une équipe qui gagne » ou « Ensemble transformons l'essai »), celui du chemin (« Poursuivons notre route » sur fond de voie conduisant à un horizon ensoleillé), celui du traitement (« Le libéralisme : des vitamines pour le pays » ou « Le libéralisme : du tonus en plus »).

Avec les dirigeants du parti, le choix s'est porté sur l'axe de l'action. Le slogan retenu a été : « La liberté en action. » Un jeune couple et deux enfants se livrant aux joies du jogging en tenue de sport sur fond de décor champêtre ont constitué le visuel de cette affiche. C'est une image à la symbolique forte : liberté, action, famille, environnement. Ce concept avait également l'avantage de pouvoir être décliné facilement. Cela a donné « La volonté en action » pour le vice-Premier ministre Jean Gol avec un dessin réaliste le représentant en plan américain. Beaucoup ont trouvé qu'il avait sur cette affiche le « look Kennedy », ce qui complétait bien la crédibilité incontestée de cet homme d'État. Cela a donné aussi « Le futur en action » pour Louis Michel, le président du parti, et « Le cœur en action » pour une candidate de Liège.

Fin 1985, le Centre des démocrates sociaux nous demande de concevoir une campagne d'affichage nationale. Des huit maquettes réalisées à l'issue de plusieurs réunions de créativité, trois sont retenues puis font l'objet d'un pré-test.

La première affiche fait référence aux sondages :

« 46 % des Français se situent au centre. Avec le C.D.S., dans l'opposition, prouvez-le. »

La deuxième campagne illustre l'idée de rassemblement. En trois vagues, de plus en plus de leaders sont présents sur l'affiche. Le slogan dit : « Le Centre, une idée qui grandit. »

La troisième création vise à positionner le Centre. Elle comprend, en noir et blanc, d'un côté le profil de Jean-Marie Le Pen, de l'autre celui de Georges Marchais. Au centre, le président du C.D.S. figure en couleurs avec, comme slogan : « La vérité est à égale distance des extrêmes. »

Les tests confirmeront les appréciations des dirigeants du parti. L'affiche exploitant les sondages est bien accueillie et crée une dynamique. Celle indiquant « Le Centre, une idée qui grandit » est classée en second. La troisième est rejetée, à la fois, par opposition à la publicité politique comparative et pour le terme « vérité ». Les observations des personnes interrogées sont formelles : « A chacun sa vérité, personne n'en a le monopole, quel homme politique dit la vérité ! »

Cet effort de créativité vaut pour l'audiovisuel. Bien que peu développée en France, cette technique fait sérieusement son apparition. Films vidéo pour ouvrir les réunions privées avec 15 ou 20 voisins d'un sympathisant, clips projetés dans les meetings... Nous en verrons de plus en plus, notamment aux prochaines élections à la proportionnelle.

Pour la campagne belge déjà évoquée, nous avons créé plusieurs spots utilisés notamment dans les tribunes officielles à la télévision. L'un d'eux concernait directement la situation en France. On y interroge des gens dans la rue sur le socialisme. Les réponses sont sans équivoque : « Ils nous écrasent d'impôts. Je suis une déçue du socialisme. Ça se terminera à 60/40 pour l'opposition. Le socialisme, ça va tous les dix ou quinze ans, mais à condition de ne pas durer trop longtemps. » La conclusion est : « Ce n'est pas au moment où les Français reviennent du socialisme que vous allez y retourner. » Un autre spot est purement symbolique. Un avion sans pilote pique du nez, « Imagineriez-vous un avion sans pilote », une voiture sans volant rentre dans une meule de foin, « Imagineriez-vous une voiture sans volant ». Conclusion : « Imagineriez-vous le gouvernement sans le P.R.L.? »

Cet effort vaut pour les gadgets. Sur ce point aussi nous manquons d'imagination en France. Nous réalisons bien des boîtes d'allumettes, des briquets, des stylos ou quelques T-shirts quand la saison le permet. Nous avons fait aussi des valises métalliques. Mais c'est encore du côté belge que nous avons parfaitement intégré les gadgets à la stratégie générale. Tous les moyens de la campagne ont été signés : « Du tonus en plus ». Cette signature, reprise de l'un des projets qui ont été mentionnés, a fait l'objet d'un pré-test tout à fait positif. Elle a induit l'utilisation de gadgets au succès assuré : un ressort frappé du slogan « Du tonus en plus » et qui bondit en l'air quelques secondes après avoir été replié, une carte postale avec le détail des calories contenues dans chaque aliment, un yo-yo, etc.

Cet effort vaut, enfin, pour les gestes, les événements, les opérations de relations publiques. On peut ainsi organiser une crêpes-partie à la Chandeleur avec les personnes âgées, une soirée rock pour la jeunesse, une présentation de film en avant-première, des cafés réunissant des électrices en début d'après-midi, un jogging au profit d'une grande cause. On peut lancer une grande chaîne de solidarité par téléphone en faveur d'un candidat, chaque personne contactée en appelant une autre. On peut même faire sauter un père Noël en parachute d'un avion piloté par le candidat devant des centaines d'enfants ravis.

Organisation et planification

Nous sommes enfin des organisateurs. La planification d'une campagne permet d'être cohérent et de faire des économies. Chaque moyen est à sa place et arrive au bon moment. Un conseil en communication fait gagner de l'argent, car il évite toute déperdition. Nous pratiquons la technique de la rationalisation des choix budgétaires. En sachant à qui parler, quand, par quels moyens, nous améliorons les performances de la campagne. Avec nos techniques de mise en forme, nous faisons passer le message dans les meilleures conditions d'impact.

Il en va de même pour le déroulement des meetings. J'ai organisé depuis quinze ans des dizaines de réunions pour Pierre Messmer, Jacques Chaban-Delmas, Raymond Barre, Jacques Chirac. Tout est dans le détail. Du projecteur de poursuite à la musique qui marque l'entrée du leader. De la carte d'invitation sur papier spécial, pour empêcher la reproduction par des groupes hostiles, à la qualité de la sonorisation et de l'éclairage. De la boîte de raccordement pour les radios afin d'éviter les visages mangés par les micros au décor de fond pour faire de bonnes photos.

Tout commence par le nombre de places disponibles. Il doit, toujours, être inférieur d'environ 20 % à l'assistance attendue. 1 500 personnes dans une salle de 1 200 places, c'est un triomphe. Avec 1 800 chaises disponibles, cela devient un « bide ».

En 1981, Jean-Maxime Levêque avait voulu quitter le C.C.F. en fanfare. Il avait décidé de réunir les actionnaires puis le personnel du C.C.F. Nul ne savait combien d'actionnaires se rendraient à son invitation. Entre 500 et 2000. Nous avons loué l'ensemble des salons du Concorde La Fayette. A 18 heures, les 500 fauteuils disponibles sont occupés face à la tribune tendue de bleu. Nous ouvrons successivement un, puis deux, puis trois salons attenants. Le désordre programmé est à son comble. Des chaises arrivent de toute part. Nous sommes rayonnants, sauf le chef du protocole du C.C.F., affolé de voir tel ou tel invité de marque sans place. Le pauvre homme ne sait plus où se mettre. Le lendemain, la presse écrivait : « On en attendait 500, ils sont venus à plus de 2000. »

Ce souci de l'organisation passe aussi par l'équipe du candidat. Chaque responsabilité doit être clairement attribuée sous l'autorité d'un directeur de campagne. Le quadrillage du terrain par les équipes de militants doit atteindre une précision militaire. Le comité financier doit fonctionner sans relâche bien avant la campagne électorale. Il en est de même du secrétariat, des groupes de réflexion sur les thèmes, de la fabrication et de la diffusion du matériel, du suivi des campagnes adverses, de la présence dans les bureaux de vote.

Bien des exemples déjà cités montrent à quel point une bonne campagne commence par une étude préalable et une stratégie respectée et se poursuit avec une création efficace. Elle se développe harmonieusement avec un planning rigoureux des actions à mettre en œuvre, des éléments de fond à réunir, des moyens à fabriquer, des diffusions à prévoir.

La communication globale

On vient de le voir, la communication a sa logique et ses règles. Elle a aussi sa morale. Il faut tenter d'aller le plus loin possible sans dépasser la dose prescrite. Définir l'effet de seuil, voilà le talent. Approcher le moment où la communication crée un décalage trop grand entre le message et la réalité perçue, entre l'emballage et le produit, là est la difficulté.

Les Français se vengent de ceux qui ne savent pas utiliser la communication. Dans un sens ou dans l'autre. L'effet pour l'effet, la mise en scène et rien derrière, le grand cinéma qui se termine en petites railleries, cela ne passe pas, amplifié par la médiatisation. C'est vrai à la télévision. C'est vrai sur le terrain quand les moyens utilisés deviennent disproportionnés par rapport aux motivations des électeurs.

Notre métier de conseil en communication politique est un métier de généraliste. C'est probablement nous qui avons inventé la communication globale. Comment distinguer la réalisation des enquêtes d'opinion, de la mise en œuvre des moyens qui permettent de convaincre ? A quoi sert une affiche si elle n'est pas mise en place par des équipes organisées dans le cadre d'un plan de campagne respecté ? Quelle valeur ont les lettres, les journaux, les brochures, les dépliants s'ils ne développent pas une argumentation cohérente ? Pourquoi un gadget s'il ne diffuse pas une image sympathique du candidat ? A quoi bon la publicité si elle ne relaye pas la présence de l'homme politique sur le terrain ? Et, dans bien des villes, quelle dérision ce serait de faire les meilleures campagnes s'il n'y avait pas des assesseurs et des scrutateurs dans les bureaux de vote pour éviter de vous faire ravir votre victoire par la fraude électorale.

Voilà la communication globale. Jouer sur un clavier qui n'a de valeur que si vous appuyez successivement sur toutes les touches. Informer la presse et les relais d'opinion, sensibiliser le public par tous les moyens de la publicité, mobiliser le citoyen par l'animation, les relations publiques, la création d'événements. Rendre tout cela cohérent par des études préalables, une stratégie et un plan de communication, une parfaite organisation.

J'ai fait référence aux élections en Belgique. Le 13 octobre 1985 au soir, les libéraux francophones ont amélioré leurs positions en Wallonie. Ils sont devenus le premier parti de Bruxelles. La majorité gouvernementale dans son ensemble a progressé. Dès les premières fourchettes connues, le vice-Premier ministre libéral m'a dit : « Une campagne c'est un tout, un ensemble de cubes qu'on pose les uns sur les autres : les meetings, les affiches, les contacts sur le terrain, la publicité, les débats télévisés, la mobilisation des militants. Il en manque un et tout s'effondre. Ils sont tous là et la synergie fait le succès. »

Plus nous avançons dans la connaissance de l'opinion et le maniement de nos techniques, plus nous devenons modestes. Chaque ville est différente, chaque élection devient une aventure nouvelle. Le prêt-à-porter est une tentation dangereuse. Nous pouvons avoir nos « trucs » et nos recettes, mais seul le sur-mesure convient à notre domaine d'action.

J'ai connu, comme probablement la plupart de mes confrères, ma période impérialiste. Je prétendais tout savoir, comme malheureusement beaucoup de ceux qui se piquent de communication et prétendent nous juger. La publicité est comme l'automobile. Il y a des millions de spécialistes. J'ai rapidement compris qu'une bonne campagne se faisait à deux : le dépositaire du message et celui qui le met en forme, de l'extérieur, avec des yeux neufs.

C'est vrai avec un candidat comme avec la structure de communication intégrée d'un parti ou d'une collectivité. C'est pourquoi j'ai voulu être élu moi-même afin de connaître les contraintes de l'intérieur. Maire adjoint de Rueil-Malmaison, délégué à la communication, j'ai découvert, dans l'équipe du maire, Jacques Baumel, la passion et les contraintes de l'action municipale.

C'est pourquoi, je profite de toutes les expériences nouvelles. J'en ai connu deux très attachantes ces derniers mois.

Lucette Michaux-Chevry, à l'époque président du conseil général de la Guadeloupe, m'avait demandé de lancer le L.P.G., le parti de la Guadeloupe. Arriver dans une telle région avec des schémas de pensée métropolitaine, c'était courir à l'échec. Nous nous sommes astreints à découvrir la réalité locale. Nous avons utilisé essentiellement le dessin dans les affiches, l'édition et la publicité. La campagne a été, je crois, excellente. Elle a été marquée par un meeting sur place, vraie réussite populaire, et une réception à Paris. C'est ce soir-là que Lucette, comme on l'appelle, a entraîné Giscard dans une biguine mémorable. Mme Michaux-Chevry maîtrisait parfaitement sa propre communication, y compris en métropole où elle a connu un indéniable succès de presse. Malheureusement, elle a mis moins de fougue à implanter son parti. Les élus ont mal supporté une telle autorité féminine. L'opposition s'est divisée. Avec un redécoupage savant et sept cantons supplémentaires, la gauche a repris la majorité du conseil général. Le vrai capital de Lucette Michaux-Chevry, c'est son crédit personnel, qui reste considérable.

Quelques mois plus tard, j'ai été amené à organiser les élections régionales en Corse. Autant dire que là aussi j'ai dû laisser mes schémas au vestiaire. Tout a commencé par un déjeuner au soleil, avec Jean-Paul de Rocca-Serra, dit « le Renard argenté », et José Rossi, nouveau président du conseil général de la Haute-Corse et promis à un bel avenir. Nous dominions Ajaccio et le repas s'est poursuivi de table en table, au milieu des enfants, pour parler composition de la liste et déroulement de la campagne. En Corse, on préfère cela aux réunions d'états-majors. Là-bas, comme en Guadeloupe, le non-dit est plus important que l'explicite. Les réseaux et les relais ont plus d'influence que le matériel publicitaire. Le vote est plus fonction des relations personnelles que du modernisme de la campagne.

Pourtant, il existe une réelle attente de renouveau, singulièrement dans la jeunesse. Nous serions plus efficaces pour informer en profondeur et créer ce consensus sans lequel la Corse ne redécollera pas. Après avoir découvert, l'espace d'une élection, ce peuple attachant à force d'être contradictoire, j'espère sincèrement avoir à relever le défi.

Du conseil à la pub

Alors, me direz-vous, et la publicité dans tout cela ? Elle est un élément parmi d'autres. Pas forcément le plus important. Certainement le plus mal utilisé.

La publicité commerciale en France est l'une des meilleures du monde ; la communication politique et sociale, l'une des plus archaïques.

On a déjà vu d'où venaient les blocages du côté des hommes politiques et des leaders en général. Ils sont beaucoup moins ouverts à la communication que ceux qui les écoutent. Pour être honnête, il faut aller plus loin.

Notre profession a bien des responsabilités. Elle a développé pendant des années la stratégie du produit rare, mystérieux, équivoque, coûteux. Beaucoup s'imaginaient les hommes politiques allant voir les conseils, la nuit, en rasant les murs, les poches pleines de billets. Drôles de communicateurs qui avaient une si piètre image. Les hommes politiques se sentaient culpabilisés d'avoir auprès d'eux un spécialiste en communication. Ils trouvaient naturel d'être conseillés pour l'économie, la défense ou la culture. Ils avaient honte de sortir « leur communicateur ». Le plus souvent, d'ailleurs, ils n'en n'avaient pas.

Le changement est intervenu, c'est le cas de le dire, en 1981. Curieusement, c'est un publicitaire qui en a été la clé, Jacques Séguéla. Cet homme qui ne vit que pour la pub est comme un bon slogan : attachant et répétitif. Il a fait, comme il dit, de Mitterrand une star. Il n'a jamais précisé depuis si le gala continuait.

En créant mon propre cabinet, Image et Stratégie, j'ai eu la volonté de trancher par rapport au passé. J'ai couvert les murs d'affiches (la revue *Stratégies* titrera l'un de ses articles : « Comment Thierry Saussez racole les hommes politiques dans la rue ») et envoyé un guide à 5000 décideurs. Je me suis immédiatement ouvert à la presse. J'ai reçu des milliers de lettres. Le besoin de renouveau était considérable. Six mois plus tard, j'intervenais dans 53 villes aux élections municipales. Nous étions six, nous sommes vingt-cinq et mettons en place un réseau en province.

En changeant l'image de la profession, nous avons construit notre propre crédibilité. Il suffit de parcourir la presse et de s'arrêter à quelques titres concernant Image et Stratégie :

Le Monde : « Une bonne droite. »

L'Est républicain : « La communication personnifiée. »

Le Quotidien de Paris : « Des campagnes pour réussir les vôtres. »

Aujourd'hui, tout le monde parle de notre activité..., même les hommes politiques. Les journalistes les interrogent sur leur image. Au contraire d'il y a cinq ans, un leader sans conseil n'est plus vraiment crédible. L'exception confirme la règle en la personne de Raymond Barre.

Puisqu'en France rien n'échappe aux sondages, il fallait bien que nous prenions le risque d'en faire un sur nous-mêmes.

Réalisé par l'Ifrep, en octobre 1984, auprès d'un échantillon représentatif de la population, en voici les résultats :

— A votre avis, existe-t-il en France des spécialistes qui conseillent les hommes politiques sur leur façon de s'exprimer ou de se présenter à l'opinion publique ?

— oui : 70,31 %.
— non : 8,90 %.

— Si oui, que pensez-vous de ces spécialistes ?
Sinon, que penseriez-vous de ces spécialistes s'ils existaient ?

1. Ils sont utiles, car il est important que les hommes politiques se fassent comprendre le mieux possible. 38,59 %.
2. Ils sont peut-être utiles, mais ils « fabriquent » des hommes politiques différents de ce qu'ils sont en réalité. 19,93 %.
3. Ils sont inutiles, car les hommes politiques doivent se débrouiller tout seuls. 14,23 %.

Au-delà des spécialistes que nous sommes, le score de bonne opinion des généralistes qui « font carrière » dans la publicité est encore meilleur : 72 % (sondage Ipsos, août 1985).

Le soir des élections cantonales, Antenne 2 avait regroupé sur son plateau quatre hommes politiques et deux conseils en communication. Certes, on continue à séparer, un peu artificiellement, communication et politique alors que les deux sont intimement liées. J'en ai fait l'expérience ce soir-là quand j'ai commencé à dire, quelques jours avant Michel Rocard, que le scrutin proportionnel bloquerait le renouvellement politique. Bernard Rapp m'a aussitôt arrêté en me faisant savoir que cela était du domaine des hommes politiques. Alain Juppé, de son côté, avait presque dû s'excuser de parler communication alors qu'il était là pour ça. Mais, enfin, le progrès est spectaculaire. En trois ans, notre profession a acquis ses lettres de noblesse. Même si nous n'étalons pas tous nos contrats, chacun sait qui nous sommes, ce que nous faisons, combien cela coûte. Même si certaines de nos actions doivent rester confidentielles, nos techniques sont reconnues.

La prochaine étape est devant nous. Il s'agit de construire une vraie profession. Le créneau de la communication politique et sociale ne va plus cesser de se développer. Les formations actuelles restent fragmentaires. Pour la plupart, nous avons été instruits à l'école Bongrand, puis, pour la plupart aussi, nous avons décidé de vivre notre vie. J'ai formé mes collaborateurs. Leur volonté et leur attachement sont la plus grande satisfaction de ma vie professionnelle.

Être scientifique, créatif et organisateur ne s'apprend pas dans les écoles. Sauf, peut-être, dans le centre de Philippe de Villiers à Nantes. Ce Vendéen a pris le pouvoir de la communication avec la complicité éclairée d'Olivier Guichard. Il sera l'un des grands communicateurs de la fin de ce siècle.

Les conseils en communication politique et les publicitaires n'ont jamais fait vraiment bon ménage. J'ai dû à Nice, lors d'un débat sur le marketing politique, prendre la défense de Claude Marti, conseiller engagé à gauche, devant l'emportement de plusieurs conseils et d'une partie de la salle. Leur incompréhension est logique.

Les publicitaires ne sont pas habitués à digérer et à traiter tout ce qui fait l'environnement du monde politique et joue un rôle déterminant sur le produit final : les entourages, les appareils, la famille du candidat, les militants, la présence sur le terrain, la presse, etc. Séguéla dit qu'il se moque de tout ça. C'est bien ce qui avait entraîné, en 1981, la méfiance de la plupart des dirigeants du parti socialiste. C'est pour cela qu'après la campagne la star l'a laissé rentrer chez lui.

On peut d'ailleurs être un grand publicitaire, réussir une campagne électorale comme celle de 1981 et ne pas avoir vraiment de sens politique. En 1982, je participe à un débat contradictoire avec Jacques Séguéla sur R.M.C. A la fin de l'émission, un journaliste lui demande : « Qui est le prochain président de la République ? » Tout à trac, Séguéla répond : « Giscard. » Et il nous explique en se dirigeant vers la sortie : « Maintenant, il a compris la communication... et, d'ailleurs, il me l'a écrit. » La référence en la matière n'était pas vraiment que l'ancien président ait tout compris... C'était qu'il l'ait écrit au publicitaire.

Trois ans plus tard, séance de démaquillage à Antenne 2, avenue Montaigne. Jacques Séguéla et moi venons de participer au journal télévisé pour commenter l'émission branchée de François Mitterrand avec Yves Mourousi. Je me tourne vers mon voisin, aux prises avec les cotons démaquillants : « Jacques, dis-moi, qui est le prochain président de la République ? » Il me tape dans le dos en partant et dit : « A coup sûr : Tapie. » Je ne sais pour qui sont réconfortantes ses convictions réelles et successives !!!

Les conseils en communication font logiquement l'erreur inverse de celle des publicitaires. Grands spécialistes de l'environnement politique, ils finissent par sacrifier la publicité. Peu ou pas de créativité. Toujours les mêmes vieilles formules vaguement remises au goût du jour. Découragés eux-mêmes d'innover, ils ont bien du mal à entraîner leurs clients. Ils servent une espèce de plat où l'information, la publicité et les relations publiques finissent par avoir le même goût. J'en ai assez.

Je suis pour une communication globale où chaque ingrédient a son propre parfum. Quand vous informez les journalistes, jouez sur la crédibilité et la compétence. Quand vous utilisez les relations publiques, sachez créer des événements pour faire la une de l'actualité. Quand vous avez recours à la publicité, faites-le avec le même niveau de qualité que la publicité commerciale. Sinon, faites autre chose. Votre message ne sera pas vu ou, pire, négativement. Cela revient cher à la personne touchée ou à l'électeur perdu.

Il est donc bien normal que les conseils en communication politique apprennent mieux les exigences de la publicité. Nous finirons par faire de la politique en couleurs. Nous ne sommes pas condamnés à subir des campagnes électorales grises, tristes, ennuyeuses. La communication politique n'est pas faite pour décourager les électeurs mais, au contraire, les mobiliser. Elle trouve là sa pleine justification démocratique.

Le marketing politique à l'heure de la proportionnelle

La communication politique dépend étroitement du mode de scrutin retenu. Le cadre juridique impose, en effet, ses contraintes : importance de la population, motivations des électeurs potentiels. Scrutin uninominal ou plurinominal, scrutin majoritaire à représentation proportionnelle, les majorités passent mais la communication reste. Il faut savoir que la simple introduction du vote obligatoire, comme c'est le cas en Belgique, conduit à une surreprésentation des indécis qui, dans un autre pays, n'iraient pas voter.

En mars 1986, la France va renouer avec la proportionnelle. Historiquement, c'est la loi électorale de 1919 qui introduisit pour la première fois un soupçon de proportionnelle. Il s'agissait d'un scrutin à un tour comportant, d'abord, l'élection de tout candidat ayant obtenu personnellement la majorité absolue des suffrages exprimés. Puis, si des sièges restaient disponibles, ils étaient attribués aux candidats les plus favorisés de chaque liste. En 1927, ce système fut supprimé au profit du scrutin majoritaire. La IVe République instaura, de nouveau, la proportionnelle aux dépens de la stabilité ministérielle.

Le retour à ce mode de scrutin imposé par le gouvernement va donc assurément modifier le rôle et la nature de la communication politique.

Avec le scrutin d'arrondissement, le député sortant comme le candidat déjà implanté était en pays de connaissance. Il avait la notoriété, l'image et la valeur d'usage construites patiemment par une action sur le terrain, proche des électeurs. Il disposait aussi d'un réseau souvent efficace, de relais opérationnels. L'essentiel de la campagne se faisait sur ces bases. La médiatisation ne jouait qu'un rôle d'accompagnement, un plus vers les hésitants et les indécis. La situation était seulement différente pour les nouveaux candidats qui devaient construire en quelques mois, à la fois, leur notoriété et leur image.

Tout change avec la proportionnelle. Dans les

départements les plus peuplés, ce sont des mini-campagnes présidentielles qui sont organisées.

Partout, le rapport s'inverse entre les contacts directs — beaucoup plus difficiles à l'échelon départemental — et les supports de communication faisant passer le message des candidats à l'ensemble du corps électoral.

Première conséquence de cette situation : la quasi-totalité des campagnes est organisée et planifiée. Dès septembre 1985, les enquêtes d'opinion ont été lancées, la stratégie de campagne définie, puis l'équipe opérationnelle mise en place. Le recours aux spécialistes est devenu la règle. Les candidats ont plus besoin encore d'être déchargés des contraintes de la médiatisation. Ils peuvent ainsi faire leur vrai métier : aller à la rencontre d'un maximum d'électeurs, faire passer leurs idées, convaincre pour gagner.

Deuxième conséquence : la qualité de la communication politique s'améliore. Quand elle avait seulement valeur d'accompagnement, cette communication pouvait être « bricolée ». On pouvait faire des affiches qui étaient plutôt des tracts et des journaux qui n'étaient pas vraiment conçus pour être lus. Il n'en est plus de même avec le nouveau mode de scrutin. Pour toucher 200000, 500000 ou un million d'électeurs, au milieu d'un univers de concurrence de la publicité commerciale, la communication politique doit impérativement être créative, efficace, à haut degré d'impact.

Troisième conséquence : comme pour une campagne de publicité, la complémentarité des moyens mis en œuvre joue un rôle essentiel. Mon expérience de la proportionnelle, aussi bien en France qu'à l'étranger, montre à quel point il faut rendre cohérentes :

— la pré-campagne des têtes de liste aux législatives et aux régionales ;
— la campagne électorale proprement dite au niveau départemental, pour valoriser l'équipe et le projet ;
— la reprise de cette campagne par chacun des candidats dans leurs différents secteurs d'influence.

Quatrième conséquence : l'utilisation de certains médias se développe considérablement. C'est évidemment le cas de l'affichage commercial. Bien avant l'été 1985, nous avions déjà retenu des centaines d'emplacements dans plusieurs départements. C'est celui du mailing et des envois personnalisés. On va toucher davantage de catégories d'électeurs et faire preuve de plus d'imagination dans la conception des messages.

C'est, enfin, le cas de l'audiovisuel et du téléphone. Des clips ou des films vidéo permettront d'ouvrir les réunions publiques ou privées et de faire vivre le message de la liste. Les opérations téléphoniques s'adresseront, notamment, aux hésitants et aux indécis.

On me dira : tout cela va coûter cher. Tout d'abord, c'est la première fois en France que deux élections ont lieu de façon simultanée. Ensuite, une campagne départementale implique davantage de moyens que l'ensemble de ceux consacrés à toutes les campagnes d'arrondissement d'un même secteur géographique. Là aussi, la communication a un rôle à jouer dans un domaine où la France est sous-développée par rapport aux États-Unis et même à ses voisins : lancer et entretenir des actions de souscription auprès des électeurs.

Il faut toutefois nuancer ce tableau, en fonction de la taille des départements. La compétition sera assurément moins aiguë dans les petits départements comprenant moins de cinq députés. Souvent, dans ce cas, les jeux sont faits et les différentes formations politiques assurées d'avoir un ou deux sièges.

Même dans ce contexte, il serait dangereux de faire l'impasse sur la politique de communication. La notoriété et l'image ne servent pas exclusivement le jour des élections. Elles permettent d'assurer un lien de sympathie indispensable entre l'élu et ses administrés. On ne fait pas seulement campagne pour être élu mais aussi, même quand « c'est gagné d'avance », pour tirer un coup de chapeau à l'électeur.

De plus, le scrutin majoritaire est dès aujourd'hui réclamé par l'opposition. On peut supposer que les prochaines élections se dérouleront selon ce mode de scrutin. Les députés sortants prennent donc, avec la communication, une assurance pour la prochaine consultation. Les nouveaux candidats, y compris ceux qui ne se trouvent pas en position d'être élus, préparent leur futur terrain électoral.

CHAPITRE VI

Le produit politique de demain

J'ai longuement analysé en détail la somme d'études d'opinion, d'enquêtes, de sondages — plusieurs centaines — dont nous disposons depuis dix ans. Notre métier nous donne la chance d'être des observateurs attentifs des motivations de l'opinion, non des acteurs directs.

Il est tentant d'établir une grille du produit politique idéal, celui vers lequel tous s'efforcent de tendre. Non pour faire un portrait-robot, mais pour tracer le passage obligé. Demain, quels que soient sa fonction, son rang, son titre, l'homme politique devra satisfaire à trois conditions :

— le look, la fraîcheur, la présence dans l'actualité ;
— les idées, la réflexion, le projet exprimé de façon concrète ;
— le réseau pour relayer son action.

Le look

Oui, il existe aujourd'hui un marché politique. Dans la concurrence qui assaille le citoyen, celui-ci doit bien faire un tri. Il veut savoir à qui il a affaire, où est l'homme profond qui se cache derrière la personnalité publique. Puisqu'il juge sur des gestes, des images, des symboles, il faut répondre à ce besoin.

Être à la une de l'actualité, créer l'événement, faire de l'effet sont donc une nécessité. Michel Rocard est en couverture de *Paris-Match,* skis aux pieds, Jacques Chirac sur celle du *Figaro Magazine,* haltères aux poignets. On a même aperçu Raymond Barre en bermuda, une baguette dans une main, le journal dans l'autre.

Les hommes politiques étalent leurs photos de vacances ou de hobby dans les journaux et revues.

A « L'oreille en coin », célèbre émission humoristique sur France Inter, le général Bigeard, pour danser en direct, demande un jerk plutôt qu'un slow. Cette émission est le grand rendez-vous matinal du look sympa, drôle et séducteur. Alain Juppé y évoque dans la bonne humeur les mères porteuses en faisant référence à Jacques Chirac. Edgar Faure y va de son refrain (juste et mélodieux). François Léotard arrive en tenue de jogging bleu avant de courir les 20 kilomètres de Paris. Gaston Defferre raconte son duel à l'épée avec un député U.D.R. : « Il devait se marier le lendemain. Vous imaginez où je visais... »

Pour les animateurs de l'émission, l'exercice est périlleux. Bien des invités s'y casseront les dents..., affolés d'avoir à ouvrir la bouche pour parler d'autre chose que de politique. Ce sera le cas d'Arlette Laguillier « qui avait prévenu qu'elle n'avait aucun humour », de Michel Jobert « vert tout le temps et se tordant les doigts », de Louis Mermaz « qui n'a pas arrêté d'écrire pendant toute l'émission ».

Mais rendons à César ce qui appartient à Patrick Sébastien. C'est lui le premier à avoir fait venir des hommes politiques dans une émission de variétés. Jacques Chirac a été le précurseur. L'imitateur précise : « Il m'a suffi de lui vanter mon taux d'écoute.

Je savais déjà qu'il ne manquait pas d'humour à cause d'une affiche que j'avais fait faire pour un spectacle à l'Olympia, où on le voyait, le maire de Paris, déguisé en plombier torse nu dans une salopette. Nous la lui avions soumise avant. Il a juste trouvé qu'il n'avait pas assez de cheveux. On en a repeint quelques centimètres au pinceau. C'était plutôt beau joueur de sa part. » A la fin de l'émission, Patrick Sébastien déclare : « Il y a quelqu'un qui imite encore mieux Jacques Chirac que moi », au moment où le maire de Paris fait son entrée sur scène.

Ce soir-là, plusieurs millions de téléspectateurs ont découvert que Jacques Chirac avait de l'humour, qu'il était sympa, drôle, proche. On y voit ensuite Georges Fillioud animer une chorale musclée (le XV de France !), Lionel Jospin chanter *les Feuilles mortes* (drôle de symbole !) et François Léotard entonner *l'Ajaccienne* (quelle perspective !).

Le président de la République fera lui-même une sérieuse concession au look en dialoguant une heure quarante avec Yves Mourousi. Certes, il s'est un peu aventuré à découvert sur des terrains méconnus de lui. Il a curieusement placé Mickael Jackson dans la catégorie des smurfeurs. Il a repris son interviewer sur le terme « branché » en lui opposant câblé alors que c'était déjà dépassé. Mais enfin le spectacle était de qualité. François Mitterrand y a manifestement gagné, même de façon éphémère, en image, en réussissant à faire passer un message de simplicité.

Bref, on pourrait multiplier les exemples qui prouvent, comme l'écrivait *le Journal du Dimanche*, que les looks sont entrés dans Paris.

Voilà planté le décor. Reste à faire passer le message. Pour cela, il faut savoir occuper le champ des qualités humaines, remplir la coquille qui sinon resterait vide. Ici jouent le charisme, l'autorité, l'influence, l'étoffe politique et l'aptitude reconnue d'être sincère, attentif, à l'écoute des gens, proche de leurs préoccupations.

La communication est une arme, c'est aussi un extraordinaire révélateur. Si vous n'ajoutez pas à la présence le talent d'établir réellement le contact, alors le support ne se transforme pas en message, la crédibilité s'atténue, le rejet s'installe. Le genre sportif de Léotard ne passe que parce qu'il court vraiment le marathon de New York. Le registre du héros collait parfaitement au général de Gaulle parce qu'il avait fait ses preuves. Le style leader de charme allait bien à Giscard parce qu'il innovait avant l'épreuve du pouvoir. Raymond Barre cultive l'image du père parce qu'il en a aussi bien les accents critiques que l'air protecteur. Pour être durable, un look se mérite.

Les idées

Les primitifs de la société de communication, les archaïques du système feignent de croire qu'on perd sa substance à communiquer. Les abusifs tentent de se persuader qu'il suffit de savoir exploiter la communication pour exister. A leurs yeux, le support prime le message.

Les deux se trompent. Il n'y a pas de message efficace sans bonne exploitation. Il n'y a pas de bonne communication sans message qui tienne le parcours.

La fin des idéologies n'est pas la fin des idées. Ce sont les habitudes de consommation qui ont changé. Hier les citoyens s'en remettaient à ceux qui étaient délégués aux affaires. Ils acceptaient facilement que l'essentiel se traite loin d'eux. Ils vivaient la survivance des grandes idéologies : capitalisme, marxisme ou socialisme. Ces idéologies sont mortes, sur l'autel du progrès, puis de la crise. La droite a largement négocié les besoins de l'économie avec ceux de la justice sociale. La gauche est bien obligée de faire l'inverse.

La crise a rendu les Français exigeants et concrets. Avec les idéologies lointaines et caricaturales sont morts les hommes qui les portent à coups de phrases toutes faites et de recettes primaires.

Avant, c'était le concept avant tout et on verra après. Aujourd'hui, c'est le concret d'abord et la philosophie plus tard. Le changement n'est pas mince. Il bouleverse les mentalités. Il oblige nos hommes politiques à se recycler. Sous les discours, la vie.

Preuve de ce bouleversement des mentalités : les Français délaissent le vieux clivage droite-gauche. Toutes les études et enquêtes d'opinion qui ont été réalisées montrent qu'environ 20 % des Français se placent à gauche, entre 20 et 30 % à droite, entre 40 et 50 % au centre. Malheureusement pour les centristes, ce clivage n'est pas essentiellement électoral. Il permet d'abord d'échapper aux classifications du passé. Les priorités des Français sont tout ce qu'il y a de plus réaliste : ce sont le chômage, l'insécurité et l'immigration.

Des enquêtes conduites par l'Association pour l'étude des structures de l'opinion publique depuis mars 1981 confirment le renouveau des idées déjà décrit à propos du libéralisme. Elles contredisent une appréciation longtemps à la mode et brillamment développée par Philippe Braud dans *le Suffrage universel contre la démocratie.* Dans cet ouvrage, l'auteur écrit : « D'une élection les candidats en présence font tout dépendre : le bonheur, la paix, la prospérité... ou leur contraire. Chacun sait que c'est une illusion, mais la force de cette thématique vient de ce que l'électeur aimerait le croire, d'où la prégnance de discours pourtant simplistes, archaïsants et manichéens. »

En fait, les illusions s'estompent. On note en cinq ans, dans les tendances à la baisse, l'opinion favorable à l'égalisation des revenus (de 68 à 50 %), les syndicats indispensables (de 60 à 45 %), les 35 heures (de 54 à 45 %), les ordinateurs qui menacent nos libertés (de 53 à 42 %). Dans les valeurs stables, on enregistre l'angoisse du chômage (93 %), la famille (78 %), le sentiment d'insécurité (67 %), trop de travailleurs immigrés (58 %). En hausse, on peut citer la croissance (72 %), trop de fonctionnaires (45 %), l'encouragement de la natalité (40 %).

On ne peut plus dire qu'il s'agit là d'illusions. Faute d'être rejeté, le discours politique ne peut plus être qu'en prise directe avec la réalité.

N'allons donc pas croire que le débat d'idées n'est plus de notre temps, que les Français sont revenus de tout, que la crise de confiance à l'égard des structures conduit à l'apolitisme. Non, les Français sont, plus que jamais, passionnés par la politique.

L'alternance l'a montré. Les grands débats sur l'école ou la presse l'ont prouvé. La montée de l'extrême droite, poil à gratter jeté dans le système politique, l'a confirmé comme la participation aux dernières élections cantonales.

Simplement la politique doit changer comme la société. Une solution concrète vaut mieux qu'un programme. Une idée pratique fera plus qu'une conférence de presse. Cette mentalité de citoyens-utilitaristes, et non plus passifs, a d'ailleurs bien des répercussions sur l'image des hommes publics.

Il y a peu d'hommes-orchestres crédibles. Les autres papillonnent, parlent de tout et de rien, finissent par lasser sans que l'on sache vraiment à quoi ils servent.

Le réseau

Prenez un produit commercial d'une bonne qualité. Ajoutez-y une remarquable promotion. Et finissez par le vendre seulement dans quelques boutiques. Ce serait l'échec. Certes, l'acte d'adhésion est différent de l'acte d'achat. Il n'implique ni caisse enregistreuse ni discount. Il nécessite pourtant une organisation relais.

On ne peut plus concrétiser une ambition, quelle qu'elle soit, sans bénéficier de la courroie de transmission de personnalités influentes, d'élus, de socioprofessionnels, de fonctionnaires, de journalistes, de responsables de la communication et, bien entendu, de militants et de sympathisants. C'est vrai pour être maire, député ou président de la République.

C'est à la fois plus difficile et plus nécessaire pour être président de la République. Plus difficile en raison de l'éloignement du terrain qui complique l'organisation du réseau. Il faut pourtant éviter à tout prix le parisianisme. Plus nécessaire parce qu'il ne faut pas se contenter d'occuper le terrain à Paris auprès des grands médias. Il faut être aussi présent dans la vie quotidienne des Français, même par représentant interposé.

Pour ceux qui ont la chance d'en avoir un, l'animation du réseau est souvent défaillante. Il est certain que si les grandes marques utilisaient aussi mal leur réseau de vente, la plupart auraient déjà fait faillite.

D'un congrès à l'autre, grand-messe des retrouvailles, le militant recevra, si tout va bien, quelques brochures et peut-être son renouvellement de cotisation. Lettres personnalisées pour le motiver, messages d'urgence à diffuser autour de lui, argumentaires sur les grands dossiers pour qu'il relaie mieux l'information, lancement d'opérations téléphone, consultation sur un point précis, concours pour développer les adhésions..., les possibilités sont multiples, pour animer, donc motiver le réseau.

Encore faut-il en avoir les moyens et le vouloir. Je crois sincèrement qu'on pourrait demander beaucoup plus aux militants, à condition de ne pas seulement les considérer comme des relais passifs, des jambes qui quadrillent une ville, des bras qui collent des affiches.

Il y a le réseau des élus, dont on mesure mal l'influence nationale. Elle est très probablement faible au moment d'un vote présidentiel. Qu'un maire ou un député appelle à voter pour tel ou tel candidat ne déplacera sans doute qu'une quantité infime de voix. D'ailleurs, à ce moment-là, l'essentiel des électeurs s'apprêtant à voter a déjà fait son choix.

Par contre, les villes sont les vitrines d'un réseau de vente national. La manière dont elles sont gérées, les qualités de l'élu, sa communication donnent une image plus ou moins bonne du parti auquel il appartient et de son leader.

A côté de bien des inconvénients, c'est l'un des avantages d'être chef de parti. C'est, d'ailleurs, une donnée bien mal exploitée dans la communication de l'opposition et même du R.P.R. qui comprend le plus grand nombre de nouveaux maires et de jeunes élus dans les grandes villes. Il devrait y avoir, en complément de ce que chacun fait individuellement, une action permanente de promotion et d'utilisation des résultats obtenus dans ces quelques dizaines de villes. Un leader de parti est souvent jugé comme responsable de la moindre incartade d'un lointain responsable de section. Qu'il profite donc mieux des réussites locales de ses élus !

Les hommes de réseau sont légion et il est

impossible de les citer tous. François Léotard s'affiche avec les siens, Alain Madelin, Gérard Longuet et Jacques Douffiagues. C'est le temps des libéraux. La plupart des hommes de réseau sont rentrés par la porte locale. Construire une image à partir de racines ancrées dans la vie locale est une assurance de longévité. C'est le chemin de Michel Barnier en Savoie, d'Alain Carignon à Genoble, de Philippe Auberger à Joigny, de Jean-Pierre Deneuve à Fécamp, de François Fillon à Sablé, d'André Santini à Issy-les-Moulineaux, de Dominique Perben à Chalon-sur-Saône, de Jean-Philippe Lachenaud à Pontoise, de Jean-Paul Delevoye à Bapaume, etc.

Il en est de même pour les successeurs qu'on attendait au tournant, comme Dominique Baudis à Toulouse ou Nicolas Sarkosy à Neuilly. Passer du rôle de vedette à la télé à celui de leader dans la 6e ville de France n'est pas donné à tout le monde, même quand on est le fils de son père. Succéder avec brio à Achille Perretti à vingt-huit ans n'est pas mal non plus.

Il y a aussi ceux qui jouent les entourages et restent, de ce fait, assez discrets. C'est le cas de Charles Millon, animateur du courant Barre au parti républicain, de Pierre-André Wiltzer, collaborateur du député de Lyon, d'Alain Marleix au R.P.R., de Bernard Lehideux au P.R. Ils en seront crédités.

Enfin, d'autres noms, dont la notoriété est aujourd'hui locale, feront l'actualité demain : Philippe Chaix dans le Jura, Annie Lhéritier en Corrèze, Louis de Broissia en Côte-d'Or, Francis Saint-Hélier dans le Calvados, François Bayrou dans les Pyrénées-Atlantiques, Thierry Cornillet dans la Drôme. Ils sont, d'ores et déjà, des hommes de terrain... et de réseau.

Et puis il y a tous les autres réseaux, ceux du monde économique, de la finance, des professions libérales, des religions et confessions, des associations de toute nature... On ne sait pas toujours ce qu'ils vous rapportent. On sait mieux ce qu'ils peuvent vous coûter. Les sondages placent toujours en seconde, troisième ou quatrième position dans les supports de communication le bouche-à-oreille. C'est un moyen équivoque et dangereux, notamment par sa capacité de déformation, donc de désinformation. Il faut pourtant faire avec.

Les bons réseaux, facilement mobilisables, bien informés, sans cesse motivés, représentent une arme irremplaçable dans la ligne droite d'une consultation électorale.

Moyenne d'âge : quarante-cinq ans

Il est frappant de voir qu'aujourd'hui la moyenne d'âge des quatre responsables des principales formations de l'opposition, R.P.R., C.D.S., P.R., parti radical, est de quarante-cinq années. Qui dit mieux !

Jacques Toubon est le plus récent. Ce bûcheur, l'un des deux ou trois meilleurs spécialistes français de la carte électorale, était guetté par le danger de la notoriété sans image. A force d'être présent dans l'actualité sans attacher un thème fort ou une responsabilité dominante à son nom, on finit par être considéré comme un touche-à-tout. C'est le problème de bien des élus qui éparpillent leurs mandats et diluent leur image.

Le secrétariat général du R.P.R. non seulement a été donné à un remarquable « débatteur », mais il est arrivé à point pour que Jacques Toubon s'identifie désormais à une responsabilité claire. Le député de Paris doit seulement éviter la tentation d'intervenir constamment et sur tous les sujets. Tout pouvoir use. Celui de la communication comme celui de l'exercice de responsabilités nationales. En deux ans, on peut avoir gagné 20 points de notoriété et y laisser sa crédibilité par lassitude de l'opinion.

Souhaitons à Jacques Toubon qu'il évite le piège aussi bien que son homologue du parti républicain. François Léotard est l'événement médiatique de l'opposition nouvelle. Gagner 16 points d'opinion positive en un an tient du parcours de l'âpre combattant des sondages.

Il a une « gueule », des convictions, la volonté délibérée de trancher par rapport aux clichés, le sens de l'événement, de la visite à Mme Sakharov au marathon de New York. Il a le look. Dès 1982, il s'adresse aux militants du parti républicain en déclarant : « Soyez les marcheurs de la République. » Avec une remarquable continuité, il leur dira trois ans plus tard à Orléans, citant Péguy : « Soyez les cavaliers français, qui partirent d'un si bon pas. » Gageons qu'ils seront, à ses yeux en 1988, les pilotes du futur. Il a su développer son réseau avec un parti bien organisé.

Reste à mieux occuper le terrain des idées, à faire la preuve que la compétence suit le mouvement. C'est ce qu'a dû penser l'intéressé lui-même à l'issue de son « Heure de vérité ». Coincé par Alain Duhamel, sympathique et redoutable journaliste, François Léotard avait eu quelques difficultés à se sortir d'une question embarrassante. Il en est convenu tandis que nous mangions une part de gâteau à l'occasion du 3e anniversaire de cette émission. Et cela d'autant plus qu'il avait finalement bien passé le cap, lâchant au passage quelques petites phrases assassines parfaitement préparées : « Fabius, lorsqu'il n'est pas socialiste, crève l'écran. Et, lorsqu'il est socialiste, il rase les murs. »

Reste aussi à éviter d'aller à contre-image. Jouer

sur les phénomènes d'accélération des médias présente un risque : celui de mettre en cause son image aussi vite qu'on l'a créée. L'affaire de la Nouvelle-Calédonie est révélatrice. Les propos très durs tenus par François Léotard à son retour ont choqué les médias et une partie de l'opinion. Le look « sympa » supporte mal ces accents de « père la colère ». Le problème n'est pas de savoir si sur le fond le maire de Fréjus a raison ou tort. Il est que sur la forme une popularité accélérée par les médias vous enferme dans une image assez stéréotypée.

Dans l'ombre du secrétaire général du parti républicain on trouve, bien sûr, une active cellule de communication animée par Michel Mouillot. Elle analyse les sondages, organise méticuleusement les meetings, fait travailler son leader à la vidéo. Selon Sylvie Pierre-Brossolette, de *l'Express,* elle exige aussi parfois du maire de Fréjus qu'il change sa cravate.

Les deux autres patrons de parti sont plus en retrait. Leurs formations sont peu habituées à la personnalisation qu'impose la société de communication. Pierre Méhaignerie comme André Rossinot ont voulu d'abord prendre en main les structures, gagner la confiance des notables.

Pourtant, on ne peut faire une carrière ni diriger un parti sans l'opinion publique. Le président du C.D.S. le sait. Ministre apprécié, leader d'un mouvement qui maintient son influence et s'impose comme un point de passage obligé pour Raymond Barre, il peut penser davantage à son image. Les idées existent. Là, c'est la communication qui maintenant doit suivre.

A l'Université de printemps des jeunes démocrates sociaux, j'ai eu l'occasion de m'en entretenir avec Pierre Méhaignerie. Il venait de parler brillamment, durant deux heures, des conditions de l'alternance. Son propos était soutenu par de multiples anecdotes. Je lui ai fait remarquer qu'il les réservait à ces démonstrations semi-privées alors qu'elles répondent parfaitement aux nécessités de l'audiovisuel. Il m'a promis d'y penser. Ce n'était pas parole en l'air. Il s'est même résolu, après Léotard et Chirac, à s'afficher sur les panneaux commerciaux !

Plus un parti est petit, plus il doit être présent dans l'actualité. Plus un mouvement a un projet ancré dans la tradition française, plus il doit innover, sortir des sentiers battus. Edgar Faure peut largement manifester son humour. Il ne viendrait à l'idée de personne de mettre en cause sa culture et sa finesse dans l'analyse politique. Il manque au parti radical et à son président une grande communication. Le besoin est d'autant plus réel que sa clientèle naturelle est également revendiquée par ses voisins de la gauche.

La tentation des socio-professionnels

L'actualité récente est marquée par l'apparition des socio-professionnels.

Le premier à être entré en scène est Jean-Maxime Levêque. Ce patron de banque a quitté le monde bancaire nationalisé mais a voulu poursuivre son combat d'idées. Il a tenté, avec un succès d'estime, de mettre sur pied une organisation mi-économique, mi-politique. Il est bien difficile pour une structure de cette nature de trouver sa place dans la vie politique. Quand UNIR lance la première campagne pour réclamer la dissolution de l'Assemblée, certains trouvent qu'elle en fait trop. Quand ce mouvement appelle, par publicité interposée, à l'alternance..., beaucoup se demandent de quoi elle se mêle. C'est pourquoi Jean-Maxime Levêque, dont l'image personnelle est bonne, a décidé d'affronter directement le suffrage universel en présentant, aux prochaines législatives, des listes indépendantes d'opposition.

Avec moins d'audience, Francine Gomez a connu un parcours intéressant. Après avoir construit toute sa campagne européenne sur la hargne des partis et leur inadéquation, elle en a finalement rejoint un. Les Français veulent bien qu'on dise du mal des partis, à condition d'y mettre les formes et de posséder une crédibilité politique démontrée.

Là est l'erreur majeure. Croire qu'une image économique crée naturellement une audience politique. Certes, la notoriété est assurée. Mais la valeur d'usage électorale n'est pas démontrée. Certes, on occupe mieux les médias séduits par cette forme de marginalité sympathique. Mais les électeurs ne suivent pas.

Je crains que le formidable patron de Majorette, Émile Veron, ne fasse la même expérience. Réunir quelques milliers de personnes à Lyon fait la une de l'actualité pendant quarante-huit heures. Pourtant, sans réseau national, il ne peut y avoir de réussite durable.

Dès l'annonce de sa candidature, j'avais écrit tout cela à la présidente de Waterman. Je lui avais conseillé, plutôt que de se lancer dans une aventure personnelle sans lendemain, de préparer l'alternance. C'est à ce moment que ceux qui ont l'expérience économique, le sens du concret, l'esprit d'entreprise seront indispensables. Nous ne nous sommes pas rencontrés et nos échanges sont restés médiatiques. Dans un papier, je l'avais comparée à la mouche du coche européen. Elle a répondu que « la bave du crapaud n'atteint pas la blanche colombe ». Nous finirons bien, un jour, par communiquer autrement que par fables de La Fontaine interposées.

Partout en France, des responsables socio-professionnels sont prêts à s'engager. Ce monde est resté longtemps à l'écart de la politique. Enfermé dans ses bureaux et ses usines, il snobait des élus trop contents d'avoir ainsi le champ libre.

Je vis depuis quatre ans un véritable changement de mentalité. Les meilleurs des politiques s'allient avec les plus décidés de l'économie pour ouvrir les socio-professionnels aux responsabilités collectives. Elles sont multiples, de la vie associative aux postes électifs. C'est ainsi que Michel Giraud et Alain Chevalier ont créé en Ile-de-France l'Institut du citoyen. Plus de 1 000 personnes sont passées par ses séances de formation. J'en ai, moi-même, animé plusieurs dizaines.

Bien des patrons d'entreprises, leaders syndicaux, animateurs d'institutions se lanceront en 1986 dans la bataille. Candidats aux élections régionales et législatives, ils possèdent une crédibilité économique démontrée. Un accord avec les formations politiques leur permettra d'être assurés du soutien électoral et de faire souffler un air de renouveau économique. Du fait de la proportionnelle, les partis n'ont pas toujours joué le jeu. Cela entraîne inévitablement des candidatures indépendantes.

Parmi les nombreux patrons d'entreprises qui souhaitent se lancer dans la bataille de 1986, quelques visages sont particulièrement significatifs. Ici c'est Claude Bourg, qui, après avoir fondé l'une des principales sociétés de travail temporaire, se lance en politique. Ce drôle de petit bout de femme a de l'énergie à revendre et une volonté farouche de servir les autres. Elle attend son heure !

Là, c'est Bernard Lemoux, célèbre créateur des pavillons Lemoux Bernard. Après avoir réussi dans les affaires, il fait passer, au secrétariat national à l'administration du R.P.R., le souffle de la rigueur et du management qu'il a appris dans son entreprise. Enfin, c'est Maurice Genoyer, patron de la Phocéenne de métallurgie, qui couvre en plein mois d'août les murs des Bouches-du-Rhône de centaines d'affiches à son effigie. Comme l'indique un article du *Quotidien de Paris,* cet Aixois a été « un empêcheur de constituer des listes en rond ». Les formations de l'opposition sont bien désemparées devant l'initiative d'un homme qui utilise la communication pour exister politiquement de la même façon qu'il a conduit ses affaires... et réussi. Il faudra bien qu'elles s'accommodent du sens de l'initiative et de la communication de Maurice Genoyer si celui-ci réussit son pari : entre 5 et 10 % des voix. Pour y parvenir, il joue évidemment de sa crédibilité économique mais refuse obstinément l'étiquette de « socio-professionnel ». A des politiques qui n'ont pas assez fait avec l'économie, il entend substituer la complémentarité des deux.

Ce vent frais, d'autres le font souffler en restant dans leur sphère professionnelle. Je pense à Jean-Claude Decaux, l'infatigable inventeur des abribus. Sa recette pourrait faire méditer bien des leaders. C'est le service après-vente. J'aime l'entendre dire : « Quand c'est cher, on pleure une fois. Quand c'est pas cher, on pleure souvent. » J'admire ce patron qui parcourt le monde et reste disponible. J'apprécie qu'il réponde par oui ou par non sans se perdre dans la phraséologie des hésitants. Pour l'instant, en tout cas, il reste à sa place et se garde bien de donner des leçons aux hommes politiques.

Bernard Tapie, lui, n'a pas la même retenue. Efficace, éclectique, charmeuse, cette nouvelle vedette s'amuse de la politique et de ceux qui la font. Mais tout le monde n'a pas la chance de connaître une réussite aussi spectaculaire. Pour beaucoup, l'environnement politique reste l'une des clés du développement économique. Alors ne tirons pas sur le pianiste. Évitons les jugements à l'emporte-pièce, certes populaires. Ils accentuent la coupure entre deux mondes qui doivent finir par aller dans le même sens.

A chacun son look

Enfin, il y a cette poignée d'hommes qui ont construit leur crédibilité sur un thème. Tous ont su élargir leur créneau de compétence, donc leur champ d'intervention. Je ne prétends pas qu'ils soient les seuls. Je pense qu'ils sont les plus représentatifs de la possibilité d'occuper des créneaux complémentaires.

Pour Alain Juppé, les qualificatifs de la presse vont tous dans le même sens : « le coach de Chirac », « la grosse tête », « le conseiller préféré ».

Les clichés durent longtemps. Les images mettent du temps à évoluer bien au-delà de la réalité. On dit Juppé dévoré d'ambition. Sincèrement, je ne le crois pas. Son ambition est grande mais tranquille. Il présume qu'il peut aller loin. Soit. Mais il ne sacrifiera pas tout, ni l'attachement à sa famille, ni la fidélité à Jacques Chirac, ni même ces quelques heures de libres en fin de semaine.

On dit Alain Juppé froid, énarque, « crâne d'œuf ». Pourquoi oublier qu'il est aussi le tombeur de Jospin dans le XVIIIe arrondissement ? Depuis trois ans, il vit les vrais problèmes d'un arrondissement qui ne lui a pas été donné comme un paquet-cadeau avec en prime un bon électorat bourgeois. C'est vrai, dans l'ouverture aux autres, il doit encore progresser, gagner en chaleur, devenir plus spontané. Il suffit de l'avoir vu dans les meetings populaires pour savoir qu'il est sur la bonne voie.

Il y aura en 1986 peu d'hommes et de femmes qui pourront, à la fois, conjuguer une expérience de terrain et une réflexion pour l'alternance. Il y aura peu d'hommes et de femmes qui auront su, à la fois, être fidèles à Chirac et faire évoluer le parti. Cela s'est pourtant fait au prix de bien des incompréhensions et des inimitiés. Là encore, quand Alain Juppé appelle le R.P.R. à pratiquer, lui aussi, son remaniement ministériel, on dit qu'il roule pour lui. La plupart des intéressés savent pourtant que le maire adjoint de Paris n'est pas candidat. Mieux, il soutient Jacques Toubon, concurrent de génération mais frère d'armes dans le combat.

Alain Juppé a de l'avenir et du temps devant lui. En l'an 2000, il sera dans la cinquantaine. Il est le meilleur exemple du look « technocrate » qui a su se frotter aux réalités du terrain.

Premier des maires, Michel Giraud est un cas. Il est l'un des rares de sa génération à appartenir à l'opposition nouvelle qui jouera l'alternance et à tenir avec une remarquable ténacité le créneau de l'action locale, de l'occupation du terrain, de la décentralisation. Il est le seul à être venu à la politique, un peu par hasard, via la création d'une chorale et la vie associative. C'est probablement tout cela, avec ses responsabilités de chef d'entreprise, qui fait de lui un homme politique à part. Il a gardé cette fraîcheur qui le fait parfois passer pour naïf. Ceux-là même qui le prennent volontiers pour un enfant de chœur lui prêtent d'ailleurs les ambitions les plus folles.

Maire du Perreux, sénateur, président du conseil régional d'Ile-de-France, président de l'Association des maires de France, Michel Giraud a gravi chaque échelon. Pas à pas. C'est la démarche inverse d'un Léotard qui est, d'ailleurs, son ami. Pas de petites phrases, pas de « coups », pas de médiatisation accélérée.

Michel Giraud a occupé chaque poste et rempli chaque mission avant de prétendre en conquérir d'autres. Au fond, c'est une forme de naïveté dans un monde politique plus soucieux d'aligner les titres que d'occuper les fonctions. C'est certainement une assurance pour demain. Certains journalistes qui parlent de son absence de look n'ont pas bien suivi son évolution. Il est représentatif au contraire du look profond. Probablement le plus durable.

Bernard Stasi, enfin. C'est un peu l'enfant spontané de l'opposition. Sa force est sa faiblesse. Il dit ou écrit autant ce qui lui passe dans le cœur que dans la tête. Son dernier livre en est le meilleur exemple. Pour certains, expliquer que l'immigration est une chance pour la France tient de la provocation. Chez lui, c'est un clin d'œil. Il aura été l'un des premiers, dans un sens ou dans l'autre, à avoir conduit l'opposition à aborder clairement le thème de l'immigration. M. Le Pen lui fera, d'ailleurs, remarquer, lors d'un débat, qu'il pourrait être plus discret sur ce sujet, ses parents n'étant pas français. A la sortie, Stasi lui demandera s'il n'est pas gêné de serrer la main d'un métèque.

Il se méfie des techniques de communication. Un peu par peur d'avoir à s'organiser. Beaucoup parce que l'approche scientifique, méthodique, planifiée bouleverse sa conception de l'expression. Son attachement à ses racines politiques, Épernay et la Champagne-Ardenne, n'a d'égal que son besoin d'amitié. Il est probablement le président de conseil régional au cabinet le plus limité. Son équipe s'apparente plus à la bande de copains fidèles qu'à la pléthore de technocrates dont s'entourent certains élus. Le respect qu'il a des autres en fait le contraire d'un tueur, ce qui d'ailleurs, en politique, ne facilite pas toujours les choses.

Il faut compter avec lui parce qu'il apporte à un parti, une coalition ou un gouvernement, une spontanéité qui leur fait largement défaut.

Le phénomène Le Pen

Le panorama serait incomplet sans s'arrêter sur le phénomène Le Pen. Après tout, il cherche, même si celle-ci le rejette, à s'insérer dans l'opposition nouvelle et cultive le look musclé.

Il est vrai que le leader du Front national nourrit largement son audience de la crise de confiance à l'égard des structures politiques. Cette explication n'est pourtant pas suffisante.

Jean-Marie Le Pen est le cas le plus exemplaire de la communication sans contrainte. Il est peu probable qu'il ait jamais à appliquer au gouvernement les recettes qu'il délivre à grand fracas. Sa marge de manœuvre est entière. Sa liberté de ton totale.

Il a construit l'essentiel de son argumentation sur des thèmes populaires, largement abandonnés par les formations institutionnelles. L'immigration en est évidemment le meilleur exemple. Mal à l'aise sur ce terrain miné, les leaders de l'opposition ont préféré longtemps ne pas l'aborder.

Il faut dire que Jean-Marie Le Pen est un bon produit de communication. Il sert une communication sans contrainte, construite sur les vrais problèmes, par une approche techniquement très efficace. Le recours au français quotidien, le sens des formules, sa capacité à imager son propos en font aujourd'hui l'un des leaders qui occupent le mieux le champ médiatique.

L'opposition n'a pas eu la sagesse d'harmoniser

ses positions à son égard, ni les appareils, ni les présidentiables prisonniers de leur stratégie personnelle. Toute polémique, confusion ou agression ne font que le servir. Plus on tape fort et mal, plus il renvoie la balle et bien.

Cette erreur stratégique ne s'arrête pas là. La plupart des hommes politiques, comme d'ailleurs les journalistes, restent le plus souvent sur le terrain de la politique, et notamment des accords électoraux. C'est là que Le Pen est le plus à l'aise. Il en sort le moins possible. Il faut donc le faire venir sur ses thèmes d'action, les mesures concrètes qu'il prendrait, les solutions qu'il propose sur des sujets précis. C'est à cette condition que les électeurs pourront réellement être éclairés.

Toutes les enquêtes réalisées confirment que Jean-Marie Le Pen doit son succès aux idées qu'il défend et non à son charisme personnel. Le look musclé reste marginal dans la France des années quatre-vingts. Pour la Sofrès, les motivations de vote aux élections européennes en faveur du Front national concernent à 37 % la diminution du nombre des immigrés et à 10 % la personnalité de Jean-Marie Le Pen. *L'Événement du jeudi* a publié le 30 octobre 1984 un sondage sur les dirigeants que les Français souhaiteraient personnellement ne plus revoir. Le leader du Front national y est bon premier à 53 %, juste devant Georges Marchais (52 %) et Henri Krasucki (47 %). *Le Parisien libéré* du 11 octobre 1984 s'était livré de son côté à un jeu assez distrayant, en demandant aux personnes interrogées qui ils aimeraient avoir pour père, mari ou gendre. Jean-Marie Le Pen y faisait un score de 1 à 2 %.

Le Front national a fait 8,68 % des voix au premier tour des élections cantonales. C'est moins bien qu'aux élections européennes. C'est beaucoup pour une consultation locale, même politisée, où il ne disposait pas d'une bonne implantation. De ce fait, le score potentiel des élections législatives est de 10 à 12 %.

Pourtant, en voix comme en sièges, la proportionnelle est beaucoup moins avantageuse pour Le Pen. Finie, la référence unique à un leader. Le Front national a dû accélérer son implantation et surtout trouver des candidats qui tiennent la route. Fini, le vote d'humeur sans conséquence, le coup de semonce qu'on rattrape le dimanche suivant. Le scrutin à un tour est mauvais pour l'extrême droite. Chacun devra choisir son camp en un dimanche. Le vote utile y trouvera sans doute un élan nouveau. Finie, l'exclusivité dans l'utilisation de certains thèmes que l'opposition s'est enfin décidée à aborder.

La vraie chance de Jean-Marie Le Pen est peut-être pour après 1986. Il suffit d'imaginer une situation politique confuse et agitée entre 1986 et 1988 : manœuvres, instabilité politique, agitation sociale sur fond de crise économique aggravée. Une telle perspective ne ferait qu'accentuer le rejet des structures, donc la montée d'une extrême droite pure et dure.

CHAPITRE VII

Les présidentiables sur la ligne de départ

Les présidentiables

Depuis deux ans, je fais réaliser chaque année une étude nationale sur les présidentiables, c'est-à-dire sur ceux à qui les Français, en dehors de toute préférence politique, attribuent la capacité d'être candidats à l'instance suprême.

On ne donne pas en France une dimension de président de la République à un leader en quelques mois. Ou alors il faut le propulser à Matignon ou à un poste de premier plan permettant une réussite éclair et, en tout cas, une médiatisation accélérée. Dans le mode d'emploi qu'ont les Français du monde politique, ils veulent pour l'Élysée des leaders expérimentés, possédant le sens de l'État, ayant exercé des responsabilités en première ligne. A ce poste, c'est le besoin de sécurité qui l'emporte, besoin d'autant mieux assuré que ces leaders savent s'entourer d'équipes renouvelées, répondant, elles, au désir de changement.

Sous les seules réserves qui viennent d'être exprimées et qui feraient grossir le rang des prétendants d'une ou deux figures (par exemple un homme nouveau à Matignon en 1986 ou François Léotard si celui-ci poursuivait sa poussée médiatique), le prochain président de la République est donc dans cette liste-là :

Raymond Barre,
Jacques Chirac,
Jacques Delors,
Laurent Fabius,
Valéry Giscard d'Estaing,
François Mitterrand,
Michel Rocard,
Simone Veil.

Avant d'étudier leur image, leur stratégie, leurs points forts et leurs points faibles dans le domaine de la communication, passons donc ces huit présidentiables au crible des trois critères du look, des idées, du réseau.

	LOOK FRAICHEUR PRÉSENCE DANS L'ACTUALITÉ	IDÉES COMPÉTENCE RAYONNEMENT INTELLECTUEL	RÉSEAU QUALITÉ DES RELAIS SUR LE TERRAIN
R. Barre	★★	★★★	★
J. Chirac	★	★★	★★★
V.G.E.	★	★★	★
F. Mitterrand	★	★★	★★
M. Rocard	★★	★★	★
S. Veil	★	★	★
L. Fabius	★★	★★	★★
J. Delors	★	★★	★

Comme dans le *Guide Michelin*, les étoiles indiquent bien ce qui est bon, mérite le détour ou est carrément exceptionnel dans la perception qu'a l'opinion publique de chaque leader.

Il ne s'agit que de critères partiels dans les composantes d'image. Il faut, notamment, y ajouter le degré d'affinité politique avec chacun. On voit pourtant bien, déjà, le chemin qu'il leur reste à parcourir pour être demain chef d'État.

Le Brelan d'as de l'opposition

L'opposition est ventriloque. Elle parle à trois voix. C'est une chance pour elle de posséder de telles ressources. C'est aussi un handicap que connaissent bien les professionnels de la communication. Il est impossible de vendre en même temps trois concepts à la fois. C'est deux de trop. Surtout quand chacun suit son bonhomme de chemin en se souciant si peu des autres.

L'idéal serait, avant la ligne droite des élections présidentielles, d'harmoniser la communication, c'est-à-dire de définir un message commun, laissant à chacun sa spécificité et ses terres de prédilection. On pourrait ainsi planifier les interventions des uns et des autres et décider régulièrement de quelques prises de position communes. C'est d'ailleurs ce qui a été fait pour l'emprunt Giscard, la Nouvelle-Calédonie ou la convention libérale, à l'initiative de l'ancien président.

Une rencontre mensuelle serait la bienvenue, complétée de réunions avec les états-majors. Il y a bien des comités de liaison de l'opposition au moment des élections pour décider des investitures. Je ne vois pas pourquoi cet effort de cohérence minimum ne serait pas entrepris dans la communication de ceux qui sont aujourd'hui les leaders de l'opposition.

RAYMOND BARRE

Le député de Lyon a connu trois époques :

— Le temps des responsabilités et de l'impopularité. Il ne fut jamais aussi populaire que la plupart des Premiers ministres et presque aussi impopulaire que Pierre Mauroy à la fin de son passage à Matignon.

— La traversée du désert. Elle fut courte. De 20 % d'opinions favorables (Chirac était à 37) en juin 1981, il attendra février 1983 pour atteindre 35 % et caracoler depuis mai 1984 au-dessus de 40 %[1].

— La première place du brelan dans les sondages. Depuis septembre 1984, Raymond Barre tient le parcours. Il est, pour l'instant, ancré en tête des présidentiables. Belle revanche, par rapport aux deux étapes précédentes.

Comme souvent en matière d'opinion publique, on ne peut justifier cette évolution par un seul critère, mais par un ensemble d'éléments.

Le poids de l'échec de 1981

Un Premier ministre n'est pas durablement autonome. Il est étroitement lié à l'image du président de la République, à la crédibilité du pouvoir dans son ensemble, à l'action du parti qu'il représente. C'est d'ailleurs la raison pour laquelle un président et son Premier ministre montent et descendent souvent ensemble dans les sondages. L'échec de

1. Sondage Sofrès-*Figaro Magazine*.

1981 a libéré la communication de Raymond Barre de toute tutelle, en même temps que des contraintes du pouvoir en temps de crise.

L'ancien Premier ministre a rapidement pris son autonomie. Il l'a fait d'autant mieux que le poids de l'échec a, en grande partie, été porté au débit de Giscard. C'est l'ancien président qui, pour l'essentiel, a porté le chapeau dans la mémoire collective. Raymond Barre a même réussi cette extraordinaire performance de se recréer une virginité, de jouer sur l'effet de fraîcheur, d'apparaître relativement neuf au premier plan de la vie politique française, d'acquérir un look.

Le chouchou des médias

Dès 1982, et depuis, un simple député, ancien Premier ministre comme quelques autres, a fait l'objet de soins particuliers des médias. L'un des indicateurs de la présidentiabilité est la présence dans l'actualité. Raymond Barre a incontestatblement été servi par l'exploitation médias.

L'accès aux journaux, émissions de radio ou de télévision constitue autant d'occasions de faire passer son message. Quelle que soit l'utilisation qui en est faite, il constitue également un élément de crédibilité.

L'exercice est difficile. L'absence coûte, car, non seulement elle vous empêche de progresser, mais elle grignote également votre capital d'image. L'excès use, car le public finit par ne plus vous écouter. Raymond Barre a réussi à maintenir l'équilibre, seul, pratiquement sans structure relais.

Le non-partisan

On l'a vu, les Français sont fatigués du système politique. Raymond Barre a magnifiquement usé de cette lassitude. Suprême habileté qui consiste à ne pas faire de politique quand les attributs de celle-ci sont rejetés. Le héros du refus du microcosme s'en est fait une réputation.

Même avec quelques bavures quand il dit son mépris pour les élections européennes, au risque de démobiliser l'opposition, l'ancien Premier ministre a largement bénéficié de ce vieux courant porteur de rejet de la politique politicienne. Homme isolé, sans parti ni véritable structure, il se pose en recours. Sa stratégie est limpide. Le jeu des partis pousse soit à l'échec, du fait de leur volonté de détenir la vérité révélée, soit à la compromission, ce qu'il appelle la « ratatouille ». Ou l'opposition n'a pas les moyens de gouverner en 1986, et c'est la crise, ou l'opposition gouverne sans lui, et c'est l'échec. Dans les deux cas, et principalement dans le second, alors, Barre-recours arrive.

Évidemment, tout n'est pas si simple et les choses se passent souvent de la seule façon qui n'était pas prévue. C'est pourquoi, autour de Raymond Barre, on s'active tout de même pour organiser un réseau, notamment les relais parlementaires.

Raymond Barre s'est résolu à intervenir dans les élections législatives de 1986. Les députés U.D.F. se sont ralliés par dizaines. Il sera ainsi possible d'éviter la marginalisation, du fait de l'accord R.P.R.-U.D.F. dans la future Assemblée, et, le cas échéant, de gêner la cohabitation. Si l'on se place du côté de Raymond Barre, l'analyse est juste. Préparer 1988 en ignorant 1986 était un piège. Pourtant, l'inconvénient est de taille.

Un présidentiable peut-il être indépendant au point de se moquer de l'accord entre les deux principales formations de l'opposition ? Peut-être. Mais Raymond Barre a tout de même perdu quelques points de popularité pour des déclarations au Club de la Presse d'Europe nº 1, qui n'étaient guère gracieuses pour l'opposition. Si les résultats ne sont pas à la mesure des espérances, peut-il porter une part des responsabilités ? Oui. Tout le problème est là. Voilà bien ce qui l'incite à la prudence. Première mais importante concession au microcosme.

Forces et faiblesses

On devine ici les faiblesses d'une stratégie qui a fait ses preuves en permettant à l'impopulaire Premier ministre de faire en trois ans l'un des plus beaux parcours de la Ve République.

Première faiblesse. Ce qui fait l'atout nº 1 de Raymond Barre, l'allergie aux partis, peut lui coûter cher demain. Qu'il le veuille ou non, qu'il en ait besoin ou pas, il va y avoir un âpre débat avant les présidentielles au sein des formations politiques de l'U.D.F. Qu'en sera-t-il si, à propos de sa candidature, telle formation se déchire ou si dans telle autre les démissions pleuvent ? Souvenons-nous comment en quelques heures la constitution du groupe des 43 a fait voler l'unanimité gaulliste autour de Chaban en 1974. C'est pourquoi beaucoup ont incité le député de Lyon à entrer plus tôt que prévu dans la bataille parlementaire. Mais les élus ne sont pas tout. Il faut faire aussi avec les appareils. L'image de Raymond Barre construite sur l'éloignement et même le rejet des partis serait alors inévitablement atteinte. C'est, dit-on, tout le malheur que certains lui souhaitent et, peut-être, lui préparent.

Deuxième faiblesse. Un réel détachement pour

les contingences de la communication. Nous étions quelques-uns, en 1978, penchés autour d'une maquette d'affiche. C'était celle du Premier ministre, candidat aux élections législatives à Lyon. Son visage était cadré très serré, c'est-à-dire coupé au-dessus du front et en dessous du menton. Ses collaborateurs étaient hostiles à cette relative mise en cause médiatique de l'intégrité physique du Premier ministre. Raymond Barre passe par là et jette un œil distrait sur le projet. L'un de ses collaborateurs lui fait part de ses réserves. Michel Bongrand, qui a le sens des formules, l'intuition du moment et le goût de la provocation, laisse tomber, en parlant du cadrage de la photo : « Comme au-dessus du front il n'y a rien et qu'au-dessous il y en a trop, on coupe. — C'est très bien », dit de sa petite voix Raymond Barre en s'en allant. On pourrait dire : « quelle ouverture ». Je crains, malheureusement, que ce ne soit plutôt du désintérêt. Le député de Lyon est persuadé que les événements sont plus importants que les stratégies de communication. Les secondes peuvent pourtant largement influencer les premiers.

Sans appareil, loin des contingences politiques, Raymond Barre fait avec ce qu'il a : lui-même. Il mène donc, avant tout, un combat d'image tout en refusant paradoxalement, par la communication, de gérer cette image. Je suis intimement persuadé que, parmi les phénomènes déjà décrits, l'intérêt des médias a été un élément déterminant de la montée de Raymond Barre. L'ancien Premier ministre n'a fait qu'accompagner le mouvement. Il s'agit donc autant d'un phénomène technique, rationnel que d'une amélioration de son image en profondeur. Certes, la présence, bien utilisée, est aussi facteur d'amélioration de l'image. Une petite phrase, un mot d'humour sur les chefs et les sous-chefs, une photo de vacances sympathique, son amusement de se voir sous les traits de Barzi dans le Bébête Show vont dans le bon sens. Mais il n'y a pas eu de stratégie délibérée, construite, organisée pour remédier au vrai point faible de Raymond Barre : il n'occupe pas assez le champ des qualités humaines. Il est resté, pour une partie de l'opinion publique, le professeur un peu suffisant qui vous renvoie sur les bancs de l'école.

Monter dans les sondages du fait des circonstances, des médias et des problèmes de vos concurrents immédiats, plutôt que de votre propre volonté, c'est prendre le risque inverse. Raymond Barre connaîtra d'ici à 1988 une trajectoire fluctuante. Il montera ou redescendra dans les sondages, en particulier si les autres présidentiables savent maîtriser leur communication. Le problème est de savoir si au bon moment il sera en hausse ou à la baisse.

Cet état d'esprit peut le conduire à improviser relativement sa campagne présidentielle et à ne pas savoir utiliser cet accélérateur des mouvements d'opinion qu'est la communication moderne. Un capital n'est rien si l'on ne sait pas l'exploiter au bon moment.

La recette gaulliste

De tous les leaders politiques, Raymond Barre est celui qui a le plus calqué sa démarche sur celle du héros.

Il est presque parvenu à s'imposer comme la référence, le seul qui ne se détermine pas par rapport aux électeurs. Il y est arrivé en se moquant totalement des contingences de la politique partisane et de la communication. Mais le général de Gaulle lui-même a su au bon moment apprendre l'audiovisuel, créer et développer son réseau, se contraindre à descendre dans l'arène en 1965.

J'ai un faible pour une anecdote que devrait méditer le député de Lyon. Elle m'a été racontée par Roger Frey.

En 1958, celui-ci arrive à l'Élysée et d'emblée le Général lui dit : « Alors Frey, il paraît que vous avez créé un parti politique qui s'appelle l'U.N.R. Je ne veux rien avoir à faire avec un parti. Et d'ailleurs pourquoi ne pas m'avoir tenu au courant ? » « J'ai bien fait mon Général, puisque vous ne voulez pas être impliqué », lui répond Roger Frey qui découvre, à sa sortie, sur les murs de Paris les bandeaux qu'il a commandés quelques jours auparavant : « De Gaulle = U.N.R., U.N.R. = de Gaulle. » Quinze jours plus tard le Général qui n'avait pas pu ne pas voir les bandeaux accueille son ministre en lui disant : « Alors, il paraît que ça marche votre U.N.R. Je vous rappelle que j'entends qu'on ne fasse aucune référence à mon nom ou à mon action. »

L'ancien Premier ministre ne réussira pas sans les recettes de son propre modèle. Il a besoin de créer des relais sans refaire l'expérience du R.P.F. Pourquoi donc n'a-t-il pas déjà réuni, officiellement, un triumvirat de leaders politiques pour accomplir cette tâche sans qu'il y soit directement impliqué ? Le héros ne négocie pas avec le microcosme. Mais, comme il ne peut s'en passer, d'autres doivent le faire pour lui.

Il aura besoin d'un groupe parlementaire sans mettre en cause l'unité de l'opposition. Il devra rester à l'écart d'une éventuelle cohabitation sans prendre le risque d'une distance perçue comme hautaine qui fait parfois les longues traversées du désert. Et, le jour venu, il lui faudra bien se résoudre, dans la dernière ligne droite, à mettre en œuvre un vrai plan de communication.

L'heure de vérité sera là. L'ancien Premier ministre saura-t-il ne pas manquer le rendez-vous du destin pour avoir, une fois de trop, négligé l'information, la publicité, les relations publiques ?

JACQUES CHIRAC

Curieuse situation que celle de cet homme que l'âge, les titres, l'influence, le dynamisme devaient naturellement conduire en 1988 à la présidence de la République. Et pourtant, rien n'est joué.

Une véritable tunique de Nessus lui colle à la peau. L'homme privé, sympathique et charmeur, que chacun aimerait avoir comme ami, cède la place dès qu'il y a du public, des caméras, à une mécanique rationnelle, froide et distante. C'est comme si un mur de protection tombait. Il est souriant : le voici sérieux. Il est décontracté et devient tendu. Il plaisantait mais se referme sur lui-même. Comme l'indique Alain Duhamel, c'est au Club de la Presse d'Europe nº 1 que la transformation est la plus manifeste. Pendant les séquences publicitaires, le maire de Paris se détend, brocarde gentiment un journaliste, raconte une anecdote. La dernière seconde de publicité à peine passée..., c'est le masque !

Jacques Chirac m'a dit un jour, en privé, la difficulté des hommes de sa génération à se faire à la télévision : « Pour vous, c'est naturel. Vous êtes nés avec. Pour nous qui sommes de la génération intermédiaire, cela impose des efforts considérables. »

Vendre le vrai Chirac

Il ne s'agit pas de vendre un autre Chirac ou un produit nouveau, mais le vrai. Pas celui des phrases toutes faites, mais de la réflexion, voire du doute.

Pas celui de l'ambition cynique, mais des passions. Pas celui du jeu politicien, mais des goûts profonds.

Cette situation objective est constamment révélée par les études. La dernière que j'ai faite, réalisée en octobre 1984, est édifiante. Un échantillon représentatif de la population française était invité à répondre à une question ouverte : « Pouvez-vous me dire en quelques mots ce que vous pensez de M. Jacques Chirac ? » Chaque mot a été traité sur ordinateur. C'est une méthode lourde qui a l'avantage de donner une image en profondeur, un peu comme dans les enquêtes de motivation, mais auprès d'un échantillon représentatif de la population. A Paris comme en province, la base de l'image est la même : l'énergie, le dynamisme. Pourtant, dans la capitale, le résultat est positif. On dit : « Jacques Chirac est un homme énergique, c'est un bon maire. » En province, cela devient : « Jacques Chirac est un homme énergique, il est dangereux. » Les mots ne trompent pas. Cela veut dire très clairement que quand Jacques Chirac est vécu de manière proche, au travers de son mandat de maire, il est bien ressenti. Quand il est reçu de manière lointaine, par le prisme déformant des médias, et en grande partie de son fait, la perception est mauvaise. Coup de chapeau, au passage, à la remarquable organisation du maire de Paris. Trop peut-être si l'on en juge le fossé qui sépare l'image parisienne de celle du leader politique. Assez pour mesurer l'efficacité de ses collaborateurs immédiats. Assez pour saluer l'action menée par Denis Baudoin à la tête du service des Relations publiques de la Ville de Paris, action poursuivie par Maurice Ulrich qui a coordonné la préparation du fameux débat avec Laurent Fabius.

J'ai en mémoire ce jour où Denis Baudoin écoutait, les yeux mi-clos, les véhémentes démonstrations du jeune communicateur que je suis, tout en suivant les voltiges d'un oiseau derrière la fenêtre de son bureau de l'Hôtel de Ville. J'ai appris autant de ses silences que de ses observations ou remontrances toujours amicales.

Fin 1982, il m'a testé sur la mise en forme du bilan de Jacques Chirac. J'y ai passé plusieurs nuits de travail. J'ai ensuite été chargé, pour la liste « Union pour Paris », de la conception d'un dépliant et de la brochure-programme diffusée à 800000 exemplaires.

Le dépliant me vaudra une visite de police. M. Quilès, tête de liste socialiste, s'était plaint de voir financer la propagande de Jacques Chirac par la mairie de Paris. J'eus tôt fait de présenter aux inspecteurs un bon de commande et un chèque signé de Michel Caldaguès, trésorier de la campagne, aujourd'hui sénateur-maire du Ier arrondissement.

La brochure, elle, me permettra d'apprécier à nouveau le maire de Paris en privé. Nous avions à faire des photos avec un jeune couple de Parisiens et leurs trois enfants. Jacques Chirac arpentait allégrement ses jardins privés, entouré de cette famille symbolisant les Parisiens. Au milieu des rires, Bernadette Chirac distribuait des cadeaux aux enfants ravis. Son mari se demande-t-il, dans ces moments-là, comment il pourrait plus souvent faire passer de telles images ?

Jacques le doux ou Chirac le musclé ?

Pour illustrer ce décalage et indiquer les problèmes de communication, les exemples sont légion.

La télévision d'abord. Le maire de Paris ne s'est pas fait à ce média intimiste qui appelle l'émotion, les sentiments, la décontraction. Ses responsabilités politiques ne font qu'accentuer le phénomène. A quoi sert de réunir 40000 personnes et leur adresser un discours qui n'enthousiasme que les convaincus quand c'est pour faire deux mauvaises minutes de télévision au journal de 20 heures ? Les tribunes à trois mètres de haut, les foules déchaînées, le discours martelé donnent une image qui fait peur au téléspectateur moyen. N'oublions tout de même pas qu'il vous reçoit chez lui, en famille, pendant son dîner.

Vous me direz qu'on peut difficilement éviter les grand-messes et les meetings quand on est président du R.P.R. Au moins peut-on les aménager, éviter les grands agencements, les décors écrasants, choisir un ton de communication plus chaleureux. Au moins peut-on éviter d'en rajouter.

D'une bonne analyse on peut faire une mauvaise application. J'en ai été le témoin à la dernière « Heure de vérité » de Jacques Chirac. Cette émission est devenue un événement de par sa qualité, le professionnalisme de son animateur, François-Henri de Virieu, comme des journalistes qui y participent, notamment Albert du Roy et Alain Duhamel.

Ce soir-là, devant 3 millions de foyers, Jacques Chirac a gommé toutes les aspérités qui peuvent le faire paraître agressif. Il ne les a pas remplacées par les sentiments, l'émotion, la chaleur, la spontanéité. Résultat : un électrocardiogramme plat, une émission sans relief, une absence totale de mise en scène. Occasion perdue. Non-événement. Leçon pour demain.

J'ai quitté le plateau de l'heure de vérité en bavardant quelques instant avec Jacques Chirac. Il avait trouvé, lui-même, l'émission assez monotone. Notre conversation s'est orientée sur sa chemise jaune, une première à la télévision qui a fait couler beaucoup d'encre.

La polémique qui s'est engagée à l'intérieur du R.P.R. entre le choix « Jacques le doux » ou « Chirac le musclé » me paraît l'exemple même du faux débat. Il est possible de faire des déclarations très fortes répondant au tempérament du président du R.P.R. avec une communication chaleureuse et efficace. Cela impose un effort de cohérence auquel Jacques Chirac ne s'est pas toujours astreint, une réflexion préalable avant chaque prestation, une préparation des messages à faire passer. C'est la seule façon de répondre, sur le fond, à l'attente de l'électorat acquis et de cultiver, dans la forme, l'image large d'un présidentiable.

La preuve que cela est possible, Jacques Chirac l'a donnée le dimanche 27 octobre 1985, sur TF 1, face à Laurent Fabius. Il est sorti de son look Coca-Cola, des hésitations entre la saveur musclée et un goût plus nouveau. Il a exprimé un projet politique clair avec un ton plus direct et plus ouvert. Incontestablement, le maire de Paris est plus à l'aise dans ces face-à-face qui l'aiguillonnent que dans la solitude des tribunes. Il s'est d'autant plus révélé ce soir-là que Laurent Fabius est passé de la guimauve au vinaigre, ne cessant de le harceler, de l'interrompre (91 fois durant l'émission), de l'agresser.

Le discours ensuite. Il y a quelques années, les collaborateurs de Jacques Chirac lui avaient préparé un texte sur le budget, pour le débat à l'Assemblée. La tonalité générale était plutôt pondérée, même si le fond, bien sûr, restait critique. Lors de son intervention, le président du R.P.R. a ajouté au discours initial, par petits morceaux, l'équivalent d'une simple page. Mais, à l'analyse, il s'agissait essentiellement de mots et d'adjectifs tous négatifs, agressifs. De ce fait, le résultat n'a pas été celui qu'il escomptait. Toute la presse a jugé l'intervention de Raymond Barre constructive et celle du maire de Paris polémique. L'analyse et les arguments étaient proches. La forme a fait la différence. Avec son air de ne pas y toucher et sa petite voix propice aux imitations, Raymond Barre peut presque tout dire. Jacques Chirac, qui a naturellement une image « musclée », doit s'imposer la sérénité.

Les grands secs et les petits ronds

L'entourage de Jacques Chirac est parfaitement conscient des enjeux de la communication et des problèmes que je viens d'évoquer. Le maire de Paris n'est sans doute pas loin de partager cette analyse, même quand il la résume seulement à une différence entre « les grands secs et les petits ronds ».

Pourquoi alors cette stagnation et quelle stratégie mettre en œuvre ?

Tout système sécrète ses inconvénients. Pourtant il faut bien esquisser quelques propositions, faute de quoi le lecteur me reprocherait de ne pas illustrer mon propos. Ce serait le comble pour un homme de communication.

Elles se résument en quelques points.

Jacques Chirac aurait dû quitter la présidence du R.P.R. Une machine politique rapporte en influence mais coûte en image. Elle accentue le côté partisan, sectaire, au moment même où les Français sont sur la réserve. Elle est pourtant indispensable dans la ligne droite de l'élection présidentielle. Nul doute que Jacques Chirac pouvait compter sur le R.P.R., sans être directement à sa tête. Prendre du champ, quelque distance avec le parti et un peu d'air par rapport à l'actualité politique n'aurait pu, de ce fait, que lui faire du bien.

Jacques Chirac doit gagner deux heures par jour. Le général de Gaulle quittait l'Élysée à 7 heures du soir en éteignant la lumière, un peu comme on quitte son bureau pour aller se changer les idées. François Mitterrand fait de même.

Je ne crois pas qu'on puisse être président de la République en étant « sur les dents » de 8 heures du matin à minuit, six ou même sept jours sur sept. Il faut avoir du temps libre pour réfléchir, téléphoner, consulter, voir des amis, préparer une émission... ou tout simplement ne rien faire.

Ne jamais savoir où l'on est, ce que l'on va dire et à qui on va le dire finit, non seulement, par jouer des tours, mais donne surtout à votre communication un côté automatique, un ton mécanique qui en devient lancinant. La maîtrise du temps, la chasse aux mangeurs d'espace ne sont pas réservées aux businessmen. Il est temps que Jean-Louis Servan-Schreiber fasse des adeptes dans le monde politique où neuf responsables sur dix sont dans le besoin.

Jacques Chirac doit improviser la moitié de ses interventions. Il gagne au moins 50 % d'efficacité dans la communication lorsqu'il improvise. L'écrit n'est pas fait pour être dit et vice versa. Cette règle élémentaire est transgressée tous les jours par les hommes politiques. Plus les cabinets sont vastes, plus les textes sont travaillés. Il ne s'agit pourtant pas d'une copie d'examen, mais d'un message politique. Mieux vaut un bon canevas, un axe et cinq idées claires avec la spontanéité et la chaleur en plus que le meilleur discours mal lu.

Enfin, Jacques Chirac doit étonner. On l'a vu, le look, l'effet de mode, la fraîcheur ne sont pas le fruit du cerveau agité des saltimbanques de la communication, mais l'une des attentes de l'opinion publique. Sa participation à l'émission de Patrick Sébastien a été, avec le débat télévisé face à Laurent Fabius, l'une de ses dernières bonnes opérations médias. Il y gagnait en simplicité. Il parlait d'autre chose que de politique.

J'ai raconté tout cela à Élie Crespi, qui a été longtemps le seul conseiller en image de Jacques

Chirac. Publicitaire qui a réussi, il avait envie de réussir la promotion de Jacques Chirac. Sa mission avait tout de l'impossible : ne pas être quotidiennement avec Jacques Chirac, mais inspirer sa stratégie de communication. Au fond de moi, je n'ai jamais pensé cela possible. Le conseil politique est difficile quand la vie quotidienne happe si fort, entre de multiples influences, l'homme que vous servez. Mais Élie Crespi a des convictions. Même si Jacques Chirac ne change pas, les Français, eux, sont en train de le faire. Après cinq ou sept ans de socialisme, il leur faudra un patron. Quand le marché évolue, le produit peut rester stable. Alors, même ses défauts apparents se transforment en qualité.

D'autres publicitaires parmi les meilleurs sont venus renforcer l'équipe de Jacques Chirac. Bernard Brochand, Jean-Paul Goudard et Alain Mahieu sont à la base des dernières campagnes médias du R.P.R. et de son président. Leur professionnalisme est évident, même si l'on peut discuter quelques détails qui sont plus importants en communication politique qu'en publicité commerciale. Ces campagnes d'image sont essentielles pour redresser durablement celle de Jacques Chirac.

La victoire aux élections législatives n'est pas tout. Beaucoup pensent que la multiplication des listes séparées aux élections législatives va favoriser le R.P.R., donc le situer comme première force de l'opposition. Ils considèrent que Jacques Chirac, en animant largement la campagne électorale, va s'identifier à la victoire de l'opposition. Cette analyse n'est pas contestable. Certains vont plus loin. A leurs yeux, non seulement le R.P.R. va dorénavant tirer son leader, mais la présence de Jacques Chirac à Matignon, en 1986, est la stratégie de la dernière chance.

Dans ce pays, on n'est pas président de la République à la remorque d'un parti. On le devient servi par lui, ce qui n'est pas tout à fait la même chose. Matignon ne doit pas non plus être confondu avec une cure de jouvence pour rafraîchir les images, notamment entre 1986 et 1988.

Même Jacques Chirac Premier ministre, cela ne le dispensera pas d'investir dans l'amélioration de son image personnelle.

Je reste persuadé que son succès dépend en partie de sa capacité — et de celle de ceux qui l'entourent — à faire coïncider l'image de l'homme profond avec la communication de l'homme public. Il a fait la démonstration, à la télévision, face à Laurent Fabius, qu'il en était capable. Dans un pays où un candidat aux Présidentielles est inéligible sans un minimum de télégénie, ce n'est pas une mince affaire.

Paris est un monde frivole. Il vole au secours de ce qu'il croit être la victoire. Après 1981, il jouait Jacques Chirac à cinq contre un. Début 1985, alors que le maire de Paris traverse une période en roue libre, c'est l'inverse. Mais, en 1982, Raymond Barre n'était déjà pas si loin du maire de Paris. Quatre ans plus tard, même distancé à l'indice de présidentiabilité, Jacques Chirac est proche du député de Lyon dans les intentions de vote de l'opposition. Après tout, ce sont celles qui comptent.

Cela ramène à de plus justes proportions l'enjeu des futures présidentielles. Une image n'a de valeur qu'au moment où elle sert dans l'environnement immédiat de la consultation. Mitterrand était battu dans les sondages par Rocard à gauche et par Giscard dans le pays !

Chirac s'en souvient. C'est un sprinter, pas un coureur de fond. Sa mécanique interne se déclenche plutôt dans la dernière ligne droite.

VALÉRY GISCARD D'ESTAING

En 1973, j'étais chargé d'organiser la grande matinée de l'U.D.R. à Provins. Elle s'est transformée, l'après-midi, en Journée de la majorité avec le discours programme du Premier ministre, Pierre Messmer. Nous sommes au moins deux à avoir gardé un souvenir ému de cette manifestation : Alain Peyrefitte, maire de Provins, à l'époque secrétaire général apprécié de l'U.D.R., et moi.

En début d'après-midi, j'accueille les personnalités, et notamment les membres du gouvernement. Par talkie-walkie, on nous annonce l'arrivée imminente du ministre des Finances, puis un arrêt de quelques secondes. Finalement, la voiture officielle apparaît. Le service d'ordre se précipite pour ouvrir la porte arrière. C'est le chauffeur qui en descend. Giscard avait pris le volant. Cheminant le long de l'allée latérale du gymnase de Provins, le ministre m'interroge avec cette profondeur qui n'appartient qu'à lui. Quel talent de donner à votre interlocuteur, l'espace de quarante-cinq secondes, l'idée qu'il est seul au monde !

Tout l'homme est dans ces deux attitudes, le goût du geste et le sens de la communication. Pourtant les gestes n'ont pas toujours été bien choisis. Les Français n'attendent pas de leur président ou de ses ministres qu'ils conduisent leur voiture. Déjeuner avec les éboueurs choque, à la fois, ceux qui trouvent que c'est trop et ceux qui pensent qu'il aurait fallu aller plus loin en annonçant des mesures. On pourrait multiplier les exemples avec les polémiques du 8 mai, le changement de rythme de *la Marseil-*

laise, la poignée de main aux détenus, les thés (paraît-il glacials) à l'Élysée avec des journalistes.

Quelquefois aussi, le geste est sacrifié au concept. L'esthète un peu distant regarde le spectacle mais ne se mêle pas à l'action. Ainsi, dans *l'État de la France,* la conclusion de la préface ne trompe pas : « De l'autre côté du canal du Midi, parmi les maisons qui se faisaient moins denses, j'ai aperçu un homme qui marchait... La conversation du préfet poursuivait son murmure. L'homme s'est retourné, a aperçu la voiture et son fanion et a lentement soulevé sa casquette... C'était un geste qui venait de sa politesse instinctive et qui traduisait un rapport perçu par lui seul et qu'il manifestait pour lui seul, dans le poudroiement du matin. Je l'ai regardé jusqu'à ce que le mur d'une maison vienne effacer sa silhouette. Qui était-il ? Où vit-il ? Si j'avais un geste à choisir, c'est celui dont je me souviendrais pour tout ce septennat. Salut, l'ami ! »

Oui, salut, l'ami. C'est l'événement du septennat. Mais le président ne s'est pas arrêté pour lui serrer la main et lui demander son avis.

Giscard a usé des médias comme des concepts : d'une manière un peu frivole. Bernard Rideau écrit en 1985, à propos de *l'État de grâce* : « Le sondeur que je fus à l'Élysée ne reçut guère de commande à cette époque, si ce n'est sur des sujets de fond tels que la sécurité, la perception des institutions ou les attentes sociales. L'actualité feutrée tendait à trop dorloter le président et son entourage. » Cela fait d'autant plus remarquer son absence le jour de l'attentat de la rue Copernic ou le refus de s'exprimer sur les diamants. Encore une fois, je ne juge pas ici sur le fond. Tel n'est pas mon propos. Je dis que l'exploitation qui est faite dans les médias, des jours durant ou des semaines entières, sur de tels événements entame sérieusement le crédit de confiance, donc l'image d'un leader. Le président ne s'en rendait probablement pas compte. Il accentuait même la méfiance en répondant à un journaliste qui l'interrogeait sur l'affaire des diamants : « Cette question n'est pas digne du niveau de ce débat. »

La scène se passe à l'Élysée, un an avant les élections présidentielles. Tout le monde donnait Valéry Giscard d'Estaing réélu. Le conseiller politique du président lit une note que j'avais rédigée avec Michel Bongrand, en disant à chaque chapitre : « vrai ». Vrai, Giscard peut perdre. Vrai, il aura contre lui la coalition de trois des quatre grandes formations politiques. Vrai, il faut que le candidat retrouve une virginité indispensable après sept années de pouvoir... Vrai, il faut lancer une grande campagne bilan du septennat en fin d'année. Vrai, Giscard pourra ainsi concentrer toute sa campagne sur l'avenir. Vrai, il ne faut rien improviser, et, au contraire, préparer dès maintenant une campagne zéro, quitte à la modifier ensuite de fond en comble.

Conclusion : « Vous allez en parler à Giscard ? » Réponse : « Vous ne croyez tout de même pas que je vais saper le moral du président de la République ? » On connaît la suite.

Tout l'entourage présidentiel était gagné par ce syndrome du pouvoir qui conduit les meilleurs à l'autocensure permanente. Ce sont pourtant les plus hautes personnalités qui ont le plus besoin qu'on leur dise la vérité, en tout cas qu'on ne leur cache pas l'essentiel.

Un autre collaborateur de l'ancien président de la République racontait récemment qu'il ne pouvait oublier, en venant présenter un mauvais sondage au président, que celui-ci avait peut-être eu Reagan une demi-heure avant au téléphone ou qu'il allait prendre une décision essentielle pour le pays une demi-heure après.

C'est comme si un directeur de marketing allait voir son président en lui disant : « Je n'ose pas vous parler de la prochaine campagne de publicité parce qu'il y a quelques instants vous avez dû régler un important problème de personnel et que, tout à l'heure, vous irez voir le prochain modèle 86. »

A l'époque de l'affaire des diamants, ce collaborateur avait dû être bien satisfait d'aller montrer au président un sondage rassurant. L'affaire faisait perdre à Giscard 2 % dans les intentions de vote... et lui en faisait gagner 2.

Mais les sondages sont rationnels et c'était bien avant les élections. Je reste aujourd'hui persuadé que le coût en image dû à une mauvaise estimation du phénomène et à des réactions tardives et embarrassées a été considérable. En soi, comme « Greenpeace », c'est une affaire qui ne pèse pas directement dans les motivations de vote. Pratiquement, elle a justifié des abandons, dissuadé des hésitants, amplifié des mouvements de rejet.

La campagne électorale a été improvisée. Toutes sortes de professionnels sont intervenus. Giscard s'est empêtré dans le bilan. L'homme restait souvent le meilleur, en particulier dans de remarquables émissions électorales à la télévision. Mais les Français ne l'écoutaient plus. Pour communiquer, on oublie trop souvent qu'il faut être deux. Quand le public décroche, quand la lassitude gagne, quand la confiance est en cause, quand l'éternel adversaire, après vingt ans de tour de piste, trouve enfin le sursaut..., l'échec est consommé... à 2 % près. Et c'est bien à 2 % qu'une campagne électorale peut faire la différence.

Quelques mois après les présidentielles, j'ai été l'un des rares à Paris à dire et à écrire que Giscard avait raison de ne pas se taire. En politique, il ne faut jamais se faire oublier. La plupart des observateurs rejoignaient l'analyse d'Antoine Pinay : le mieux que Giscard ait à faire, disaient-ils, c'est de se taire et d'accepter sa traversée du désert.

En deux ans, alors qu'il était rejeté par le monde politique, que chacune des interventions de ce président déchu semblait anachronique, Giscard est réapparu peu à peu dans l'actualité. Sa présence est redevenue naturelle. C'est peu pour un ancien président. C'est beaucoup pour quelqu'un qui a été désavoué.

La stratégie de reconquête de l'opinion est matérialisée par les sondages et les baromètres d'opinion réguliers. Toujours au-dessous de 30 % jusqu'à la fin 1982, Valéry Giscard d'Estaing est régulièrement autour de ce chiffre depuis. Des municipales aux législatives dans le Puy-de-Dome, en passant par les cantonales, il y a pour l'ancien président un courage évident à remonter la pente... et des résultats.

Pourtant la vraie question reste pour la fin de course. Valéry Giscard d'Estaing veut-il, à nouveau, tenter sa chance à la magistrature suprême ? Si oui, Raymond Barre ne lui coupe-t-il pas l'herbe sous le pied ? Si oui, peut-on, à nouveau, symboliser l'espoir collectif quand on a été rejeté par le suffrage universel ?

Si j'avais une recommandation à faire, elle serait simple. Giscard a réussi son retour. Il n'arrive pas à exorciser son échec de 1981. C'est pourquoi il ne décolle pas dans les sondages. Il lui faut donc prouver concrètement qu'il a tiré les leçons du passé, qu'il peut utilement faire bénéficier les Français de son expérience, qu'il saura y parvenir dans l'union retrouvée.

C'est d'ailleurs incontestablement sa stratégie. Elle passe obligatoirement par un retour aux affaires en 1986, cheminement logique de sa candidature aux cantonales, aux municipales et aux législatives. Alors, Matignon ou « son cher bureau de la rue de

Rivoli », comme il en a parlé lui-même avec gourmandise à la convention libérale ? Nous verrons bien. Et, si rien ne se passe comme prévu, l'ancien président pourra toujours mettre le capital qu'il a amassé, jour après jour, au service d'un autre.

La gauche en trio

Le lecteur connaît bien le trio de tête de la majorité présidentielle :

— Laurent Fabius.
— Michel Rocard.
— François Mitterrand.

On pourrait s'étonner de l'absence, dans ce classement, de Lionel Jospin. Pourtant, le premier secrétaire réussit plutôt bien son parcours à la tête du P.S. Il n'est pas facile d'être un parti de gouvernement. Le président et le Premier ministre captent l'essentiel de l'actualité donc de l'exploitation média. Pendant ce temps, les autres structures parlementaires ou politiques ont l'impression de « compter pour du beurre ». Quand le pouvoir s'exerce ailleurs, quand la communication vous échappe, les états d'âme se multiplient.

Dans un sondage Ifrep d'octobre 1984, on demandait aux Français qui devait rester ou partir dans les états-majors. Lionel Jospin faisait le meilleur score avec 49,24 % pour son maintien contre 20,25 % pour son départ. Le mode d'emploi du personnel politique est ici confirmé. On peut être considéré comme un bon leader de parti et ne pas acquérir pour autant la dimension du présidentiable.

LAURENT FABIUS

Le Premier ministre communique bien. Il sait utiliser la communication impressionniste et manier les mots simples. Il s'efforce de parler de ce qui rassemble et pratique l'art du consensus. En dehors de quelques apparitions électorales, son image est volontairement aseptisée. Au lendemain des élections cantonales, son apparition à la télévision est saisissante. Il évacue en trente secondes l'analyse du scrutin : « C'est un échec, pas une déroute. » J'ai pensé à la tête que devaient faire les leaders du parti qui s'étaient épuisés à expliquer combien étaient encourageants les résultats. C'est l'époque où « le frémissement » est devenu à la mode. Cela se traduit en français populaire par : « ce n'est pas le succès, mais ce n'est plus vraiment l'échec ». Ce soir-là, après avoir expédié les cantonales, Laurent Fabius est revenu à l'essentiel de sa stratégie. Elle consiste à ne pas parler politique, à éviter les difficultés, à parler des trains qui arrivent à l'heure, bref à dire des choses agréables à entendre. Vous comprendrez mieux ainsi ses sujets de conversation des derniers mois, la modernisation des commissariats de police, la recherche, le transport des jeunes et leur formation... Vous comprendrez aussi pourquoi les ministres n'ont plus rien à dire.

Sa nomination a créé un effet de fraîcheur. C'est d'ailleurs depuis que le mot look a fait son entrée dans le vocabulaire politique.

Quand on se concentre moins sur la crise et plus sur une personnalité qui sait se vendre..., les résultats sont là. Au moins en image.

Laurent Fabius a tiré son épingle du jeu. Dès sa

nomination, il est passé de 30 points positifs à plus de 50. Il se maintient depuis entre les deux.

Le Premier ministre a tenu à s'exprimer régulièrement, par le biais de cette curieuse émission : « Parlons France », qui a déclenché tant de polémiques. Le Premier ministre y va assez fort. Laissons parler un journaliste du *Monde,* Jean-Yves Lhomeau, à la suite de la première émission :

« Parlons France » : « Les ficelles sont grosses. Fameux alchimiste, M. Fabius transforme le plus banal en précieux, l'ancien en moderne. Lui aussi, comme M. Chaban-Delmas, mourra jeune à quelque âge qu'il nous quitte, figé par les clichés de son époque. Et, en plus, moderne. Le gouvernement d'image a du bon et l'on ne fera pas reproche à M. Fabius de s'y essayer puisqu'il en a les moyens, lorsqu'on a tant ironisé sur les méthodes — la confusion parfois — de son prédécesseur. »

Pourtant, Laurent Fabius a été nommé au moins un an trop tard.

Deux ans, c'est trop court pour modifier le cours des choses. Le temps de pénétration de l'information est une donnée fondamentale de notre vie politique. Certes, il s'efforce de coordonner l'expression gouvernementale. Les consignes sont draconiennes. Il a, dit-on, mis en place à Matignon une cellule spéciale qui gère son expression dans le moindre détail. Tout est planifié, de la promenade en Mirage à la soirée rock, en passant par l'explosion d'une bombe nucléaire. Ce sera bientôt une nuit dans un commissariat de police et une journée chez les pauvres. Il fallait vraiment que la gauche américaine arrive à Matignon pour aller jusqu'à mettre en œuvre des techniques importées des États-Unis. Il n'y aurait rien à redire si l'on avait le sentiment que cette communication reflète le projet politique de la gauche ou même un projet tout court. L'image doit reposer sur un engagement, non s'y substituer.

Mais la crédibilité du régime était déjà trop entamée et cette situation tire Fabius vers le bas. Il peut défendre son look contre les agressions et scories extérieures. Pas pratiquer le lifting général dont la gauche aurait besoin. Il aurait fallu pouvoir tout réorganiser, à commencer par les circuits de décision, choisir une équipe gouvernementale restreinte et forte, repenser toute la communication du régime. En un mot, être le seul patron.

L'image de Fabius vit comme un météore loin de son environnement politique. Le Premier ministre est un chef de rayon sympa, mais il y a erreur sur la marchandise. Les produits du rayon, eux, ne tiennent pas le parcours. Souvenons-nous des élections cantonales de 1985 : échec pour la gauche au moment même où Fabius était à l'apogée dans les sondages.

Il ne faut d'ailleurs pas se méprendre sur les sondages. J'ai déjà dit comment, au moment même (mai-juin 1985) où la Sofrès attribue une note de confiance personnelle de 57 % à Laurent Fabius, le chiffre tombe à 27 % quand il s'agit d'approuver les décisions prises par le Premier ministre et le gouvernement. Sauf miracle, le Premier ministre ne peut plus empêcher l'échec de la gauche aux législatives. Il perdra avec elle.

C'est la première fois sous la Ve République qu'un Premier ministre investit à ce point dans son image, indépendamment du régime qu'il est censé servir. Fabius ne s'occupe plus que de lui. Là est sans doute le calcul. Comme dit Alain Duhamel : « L'effet Fabius existe, mais il n'exerce pas son influence au bénéfice des autres. Il s'agit en somme d'un effet personnel. L'image du jeune Premier ministre apparaît globalement positive... pour le chef du gouvernement. En revanche, elle ne profite nullement à François Mitterrand, elle ne rejaillit pas sur l'ensemble de l'équipe ministérielle, elle n'améliore pas le climat général, elle ne redresse pas les affaires du parti socialiste. »

François Mitterrand est-il complice ? Dans ce cas, le Premier ministre s'engagera à fond dans la bataille des législatives. Il tentera de faire au P.S. une transfusion de fraîcheur. Dans le cas contraire, peu importe de sauver les meubles en 1986. Seules comptent les présidentielles. Laurent Fabius fera le minimum et cherchera ensuite à s'imposer là où Rocard a échoué en 1981.

MICHEL ROCARD

Il est avec Simone Veil la madone des sondages. Que voilà un beau parcours ! J'ai connu Michel Rocard au secrétariat général du P.S.U. Très subrepticement. C'était pour organiser un débat contradictoire avec Jean-Marcel Jeanneney. Peu connu, il avait une image publique qui tenait assez de l'épouvantail à électeurs, genre extrémiste antipathique, sec et mal rasé. Mais, déjà, il était direct, sincère, qualités qui expliqueront, en partie, son ascension. Ajoutez-y la volonté de vivre en marge des appareils politiques, de cultiver la différence et une bonne dose de compétence..., vous comprendrez l'ascension de Michel Rocard. Ascension, d'ailleurs, largement exagérée par les médias comme dans les sondages. Les psychologues appellent cela le phénomène de halo. Plus une image est bonne, plus on la trouve bonne. Il a joué la carte du produit rare, du ministre effacé. En semi-retraite au P.S., il l'est resté au gouvernement : une excellente image peut vous permettre de vous taire longtemps, ce qui est encore la stratégie de communication la moins risquée. Il y a pourtant des limites. L'absence finit par intriguer, puis par déranger. Surtout quand le terrain de la modernité et de la jeunesse sur lequel on a tant investi contre tous les archaïsmes vient à être brutalement occupé par un autre.

A force d'être l'éternel espoir de la gauche qui se fait « chiper » sa place au bon moment, l'ancien ministre de l'Agriculture risque de mal vieillir. Là est bien le problème Rocard. Il ne s'use pas parce qu'il ne sert pas. Et beaucoup au parti socialiste sont prêts à faire ce qu'il faut pour que cela dure longtemps.

Que vaut un chef brillant qui ne fait pas la cuisine et reste dans la brigade ? Saurait-il s'établir à son compte ? C'est, sans doute, une telle réflexion qui a poussé Michel Rocard à quitter le gouvernement en avril dernier. Il l'a fait curieusement à propos d'un mode de scrutin qui lui donne enfin l'occasion de jouer un rôle décisif.

Michel Rocard a d'ailleurs aussitôt fait un nouveau bond dans les sondages. Moitié parce qu'il faisait à nouveau parler de lui. Moitié parce qu'il est assez populaire, par les temps qui courent, de quitter un gouvernement. Reste qu'il sera plus efficace, dans l'Assemblée de 1986, de disposer d'un groupe parlementaire que d'être un courant du parti socialiste, même en forte augmentation, ou un ministre du gouvernement.

C'est très clairement le choix de Michel Rocard. Les uns diront que c'est affaire de conviction, les autres d'opportunité. Peut-être les deux. Le maire de Conflans-Sainte-Honorine aurait-il enfin une stratégie ?

FRANÇOIS MITTERRAND

Il est difficile, pour un homme de communication, de ne pas manifester de l'intérêt pour le parcours du chef de l'État. Il y a chez François Mitterrand une stratégie qui est proche, à certains égards, de celle de Raymond Barre. Le président sait faire avec le temps. C'est un habitué du parcours d'obstacles, des échecs. De la même façon qu'il a fait l'impasse sur toutes les élections perdues depuis son septennat, il regarde au-delà des législatives. Il lui suffit, mode de scrutin à l'appui, que la droite les gagne mal. C'est là qu'il puise, comme en 1981, l'essentiel de ses espoirs : la discorde chez l'ennemi. Vu de ce côté, 86-88 devient une expérience. Soit pour tenter des formules d'union, soit pour laisser la droite gouverner et, si possible, échouer.

L'essentiel, au fond, est de préserver l'image du président de la République.

Bien sûr, les sondages ne sont guère favorables. 74 % d'opinions positives en 1981. Deux fois moins aujourd'hui. Jamais un président n'avait obtenu, sous la Ve République, un pareil score. Valéry Giscard d'Estaing, au plus fort de l'impopularité, gardait encore 41 % de réponses favorables. Le rejet est général. Il touche les hommes comme les femmes, tous les âges, l'ensemble des catégories socio-professionnelles. Il concerne la politique économique et sociale, les affaires étrangères, les réformes, le fonctionnement des institutions.

Parmi ceux qui ont voté François Mitterrand en 1981, 37 % manifestent leur déception, contre 51 % seulement de satisfaits. Les déçus du socialisme adoptent une attitude de rejet plus forte encore que la moyenne des Français. Ainsi 90 % d'entre eux (75 % pour l'ensemble des Français) pensent que, depuis le 10 mai, il y a eu peu ou pas de progrès dans leur vie. Ces déçus du socialisme se recrutent principalement chez les femmes, les jeunes (entre 20 et 34 ans), les petits commerçants et artisans, cadres supérieurs, professions libérales, cadres moyens et agriculteurs.

Pourtant, au-delà du phénomène rationnel de rejet, certains chiffres sont plus équivoques. François Mitterrand est bien placé pour le degré d'affinité politique avec ses idées et les qualités humaines. Cela veut dire très clairement qu'il s'identifie encore à ce vécu, très enraciné dans l'opinion, de la gauche généreuse, solidaire, juste. Là est la clé de toute sa stratégie. Tant que ces indicateurs tiendront, même le régime déclinant, même la gauche en échec, François Mitterrand s'accrochera. Surtout si la droite veut bien l'aider le jour venu, le seul qui compte vraiment à ses yeux. On comprend mieux, à la lumière de cette analyse, des gestes qui paraissent contradictoires avec la volonté affirmée d'unir les Français.

Lorsqu'il met entre parenthèses son rôle de président de tous les Français, François Mitterrand parle alors au « peuple de gauche ». Les spécialistes appellent cela la communication paradoxale. Une femme se promène dans la rue avec son mari. Passe une superbe jeune fille. La femme dit à son mari : « Tu as vu comme elle est jolie ? » Si celui-ci répond : « Oui, c'est vrai », elle lui en veut de l'avoir regardée. S'il ne répond pas, elle lui reproche de ne pas l'écouter.

Le président de la République s'est enfermé dans cette situation contradictoire. Il finissait toujours par déplaire à la gauche quand il parlait à la France et réciproquement quand il inversait la démarche. Devant la Ligue des droits de l'homme,

François Mitterrand demande le droit de vote aux municipales pour les immigrés. Il parle au peuple de gauche et encore à une minorité de celui-ci. Quelques jours plus tard, il est l'invité d'Yves Mourousi pour un show sans précédent.

Le présentateur de TF1 mérite d'ailleurs le premier prix de cette soirée. Trop souvent, on a l'impression qu'hommes politiques et journalistes parlent entre eux de sujets très compliqués, dans un langage d'experts inaccessible. Yves Mourousi, lui, a animé l'émission, fait parler François Mitterrand pour le public.

L'espace d'une heure quarante, le président de la République s'aligne sur son Premier ministre. Il s'adresse visiblement à tout le monde. Pas d'idéologie. Seulement quelques formules, bons mots et confidences.

Pourtant, un gain en image ne se transforme pas automatiquement en capital politique, dans la mesure où le président de la République reste enfermé dans sa communication paradoxale. Nul doute qu'il continuera à entretenir l'équivoque. Catherine Nay a brillamment démontré dans *Le Noir et le Rouge* que le paradoxe était au cœur de sa stratégie. La preuve : 15 jours après le « show » Mourousi, FR 3 diffuse un portrait du président. Qu'y entend-on dans la bouche présidentielle ? « Je ne pratique pas le show-business. J'en connais les techniques, mais je ne vois pas pourquoi j'irais me livrer à telle ou telle gesticulation. »

Au-delà de ces contradictions, François Mitterrand gère au mieux son image dans le quotidien. Les Français veulent un président compétent. Sur ce créneau, François Mitterrand est mal placé, derrière Raymond Barre, Jacques Chirac, Laurent Fabius et Michel Rocard. Alors, il s'efforce, lors d'émissions de télévision, d'aborder longuement et sans notes les dossiers économiques, comme il le fait d'ailleurs dans le domaine militaire. Démonstration avant tout. Les Français veulent un président proche d'eux. Il va régulièrement en province occuper le terrain et ne dédaigne pas les visites improvisées qui créent l'événement. Malheureusement, il a le goût des voyages comme si une présidence se jugeait au nombre de kilomètres parcourus. Trop de déplacements à l'étranger, même nécessaires, vous éloignent de l'opinion et réduisent à néant les quelques efforts de présence réalisés.

Les Français veulent un président présent dans l'actualité. François Mitterrand avait été trop absent les deux premières années de son septennat. M. Mauroy pouvait se laisser porter par l'état de grâce. Il n'a pas tenu le parcours. Le président est donc monté au créneau. Puis, à nouveau, il a laissé largement la parole à Laurent Fabius, qui l'utilise mieux que son prédécesseur. Mais c'est essentiellement son image propre qu'il sert. C'est pourquoi François Mitterrand a résolu de remonter en ligne. Cette concurrence avec son Premïer ministre n'est d'ailleurs ni saine ni efficace. Elle porte en germe les conditions d'un conflit. Elle rend plus confus le message de la gauche. Mieux vaudrait pour ce tandem harmoniser les conditions d'expression et mieux répartir les créneaux.

Un outsider dans chaque camp

Simone Veil est, comme Michel Rocard, et largement pour les mêmes raisons, un phénomène de sondage.

Allergique aux appareils, protégeant son autonomie, elle est connue pour son franc-parler. Ses défauts d'expression ou ses craintes à traverser les salles de meetings tranchent dans cet univers stéréotypé. Les femmes ont naturellement une communication plus chaleureuse, plus proche que les hommes.

A la différence de Michel Rocard, Simone Veil est montée au feu. Elle a voulu la liste unique aux élections européennes. Elle l'a eue. Même si la campagne a été décevante, le score fut honorable. La tête de liste de l'opposition est sortie du cocon doré des cotes de sondages qui vous donnent une large popularité, en partie grâce au camp adverse. Elle y a laissé quelques plumes en image mais gagné en crédibilité.

Être placé dans les présidentiables est un beau score pour quelqu'un qui ne fait pas mystère de ne pas être candidate. Mais sait-on de quoi demain est fait ? Il faudrait donc, pour Simone Veil, préciser son message. Celui-ci n'est pas perçu et sa cote est essentiellement liée à sa personne. Il lui faudrait aussi être plus présente et démontrer une compétence beaucoup plus large.

Juste après Simone Veil figure encore, dans cette liste des présidentiables, Jacques Delors. J'écris encore car, en une année, l'ancien ministre a perdu une bonne partie de son crédit en quittant la scène politique. C'est la preuve absolue que nous vivons dans une société de communication. D'une année sur l'autre, on perd sa place à la course présidentielle en cessant d'être ministre et même maire — dans de bien piètres conditions — pour se replier sur les lointaines institutions européennes.

A moins de revenir au premier plan de l'actualité, Jacques Delors y perdra définitivement l'audience qu'il avait su acquérir par une recette connue, mais toujours efficace : construire une image de compétence sans l'altérer dans la politique politicienne.

Il faut ajouter à cette liste de huit présidentiables un ultime outsider : c'est Jacques Chaban-Delmas.

Cette place, après tout brillante, pour l'ancien candidat à la présidence de la République, montre que Chaban garde une place dans le cœur des Français. Le souvenir de la nouvelle société n'est pas mort. Chaque fois qu'on reparle de lui, notamment pour Matignon en 1986, Chaban reprend quelques points dans les sondages.

Quel président pour demain ?

Dans le peloton de tête, la situation est bien différente pour la majorité et pour l'opposition.

Je pressens l'usure de Laurent Fabius, soit qu'il finisse par perdre toute crédibilité politique dans les nuages aseptisés vers lesquels son image s'envole, soit qu'il fasse les frais de l'échec de la gauche à l'échéance capitale de 1986. Dans les deux cas, il aura du mal à gérer sa traversée du désert. Il connaîtra d'autant plus de difficultés qu'il a construit l'essentiel de son image grâce à une maîtrise de la communication qui n'est possible que lorsqu'on est Premier ministre. Il faut être Premier ministre pour enregistrer tous les mois à la télévision « Parlons France ». Il faut aussi être Premier ministre pour se permettre de choisir aussi précisément le moment où l'on parle, le sujet, le média. Dans les six premiers mois de l'année 1985, Laurent Fabius n'a, pour ainsi dire, donné aucune interview à un journaliste. Même ce simple exercice nuit à sa conception de l'information. Il s'est trop habitué au ronronnement des émissions où il parle seul. Il a entretenu et protégé son image personnelle avec un tel raffinement qu'il s'est senti démuni lors de la confrontation avec Jacques

Chirac. Ce soir-là, la preuve a été faite que son look ne supporte pas l'univers concurrentiel.

Ce qui permet aujourd'hui au Premier ministre de sauvegarder son image lui coûtera cher demain. L'image de Laurent Fabius tient par sa présence habile et sélective sur le marché de la communication. Quand il quittera Matignon, ce bel échafaudage s'effondrera en quelques mois.

Michel Rocard hésitait entre deux destins. Le premier nécessitait de transformer l'essai de popularité réelle. A un poste de premier plan, il aurait pu — enfin — démontrer ses capacités. Le président ne l'a pas voulu. Le second était de se mouler définitivement dans le rôle de marginal du P.S., d'apôtre de la nouvelle gauche. Il a choisi celui qu'il pouvait maîtriser seul. Mieux, il entraîne avec lui une fraction non négligeable du parti. Curieusement, même s'il choisit la sécession après les législatives, il peut ainsi redevenir une carte dans le jeu de François Mitterrand. On connaît assez le pragmatisme du chef de l'État pour savoir qu'il n'exclut rien à l'avance. C'est davantage encore le cas dans la perspective de l'après 86.

Pourtant, le jour venu, je vois mal François Mitterrand s'en remettre à un autre du soin de tenter l'ultime sauvetage de la gauche. Au-delà des sondages, bien des indices montrent que François Mitterrand se sent tout ragaillardi quand arrivent les grands vents. Il a d'ailleurs quelque habitude de ces brouilles avec l'opinion suivies de retrouvailles qui ont fini par être spectaculaires. Souvenons-nous du trou de 68-69 puis des présidentielles de 74, des difficultés avec Rocard en 79-80 suivies de l'élection du 10 mai.

Quant à l'opposition, elle aligne ses deux premiers présidentiables : Raymond Barre et Jacques Chirac. Avantage au premier pour tenir la course de fond et amasser son capital d'image. Avantage au second pour ses qualités de sprinter et la mobilisation d'un parti qui lui coûte en image quotidienne mais lui rapportera dans la dernière ligne droite. C'est entre 86 et 88, si les échéances sont respectées, que tout se jouera.

Les différentes hypothèses d'évolution de la situation les mettent aussi à égalité de chance. Si l'opposition républicaine gagne sans Le Pen, elle gouvernera et Jacques Chirac en sera le principal animateur. Si elle réussit, le maire de Paris est sur orbite pour 88. Si une crise conduit à la démission du président de la République, il est alors bien placé.

En sens inverse, si l'opposition gouverne et échoue, Raymond Barre est le recours. Si elle est dans l'incapacité de gouverner, le député de Lyon peut alors sortir le pays de ce qu'il a appelé lui-même « la ratatouille ». Le jour venu, Raymond Barre risque fort d'être moins bien armé en relais pour démultiplier son message et convaincre les hésitants et les indécis dans une situation tendue. Seule une avance large, début 88, lui donnerait des garanties suffisantes. C'est à cela qu'il s'emploie. L'objectif de Jacques Chirac est donc, très clairement, de ne pas se faire distancer irrémédiablement. Il est entré fin 1984 dans la zone de risque, en est sorti après son débat avec Laurent Fabius, sera renforcé par la victoire de l'opposition aux législatives. C'est bien la communication, comme en 1969, comme en 1974, comme en 1981, qui fera le prochain président de la République.

CONCLUSION

Et demain ?

Il faudrait un autre livre pour traiter de l'avenir de la communication politique en France. Je ne peux me résoudre pour autant à conclure sans évoquer le nouveau défi que nous lance la fin du siècle.

En trente ans, la télévision et les moyens de communication de masse ont donné un autre visage à notre démocratie. Les technologies modernes vont à nouveau bouleverser — en moins d'une génération — les rapports entre le pouvoir et les citoyens. Aucune carrière politique ne sera plus possible pour quiconque entend ignorer cette révolution. Le mariage entre communication et politique est irréversible. Ceux qui le refusent seront marginalisés.

Imaginons, dans deux législatures, un candidat aux élections.

Il commence sa journée en consultant l'agenda électronique. L'écran de l'ordinateur affiche :

— La dernière mise au point du programme télématique. Il permet à chaque citoyen de consulter, sur son minitel, le programme électoral et de poser des questions par l'intermédiaire d'une messagerie.
— Une permanence téléphonique par visiophone.

L'électeur peut ainsi s'entretenir en direct, par l'image et le son, avec le candidat.

— Un meeting retransmis par satellite. Organisé simultanément dans tous les pays européens, il réunit les principaux candidats des formations de l'Alliance européenne.

— Quatre audiences, une visite sur le terrain et deux réunions (les nouveaux moyens complètent les anciens mais ne les annulent pas).

Le téléphone marié à l'ordinateur permet d'inviter automatiquement trente, cinquante ou deux cents personnes à une réunion. Les discours des réunions publiques sont retranscrits automatiquement à partir du son de la voix. Ces documents sont remis à chaque participant dès la fin d'une rencontre. Le tri sophistiqué des fichiers permet d'adresser une lettre personnalisée à chaque électeur, en fonction de l'âge, du sexe, de la domiciliation, de la participation à une association ou de la fréquentation des équipements publics. Plus de 60 % des foyers sont abonnés à un réseau de télévision par câble. L'audiovisuel ne se limite plus aux cinquante poids lourds de la vie politique nationale mais aux cent mille candidats qui se présentent à toutes les élections en France. Durant les émissions politiques, les téléspectateurs pianotent sur leur clavier pour donner leur opinion. La démocratie électronique est instantanée. Bien des maires prennent ainsi, en quelques minutes, le pouls de la population : pour transformer une artère en rue piétonne, financer ou non un équipement public, consulter les habitants sur un projet d'urbanisme.

Ce tableau pourrait être largement développé. Il a seulement pour but d'illustrer le bouleversement que va connaître la communication. Son futurisme n'est pas excessif. Bien des moyens évoqués sont déjà opérationnels. Les autres seront au point dans les années qui viennent.

Un tel changement ne sera réussi qu'à la condition de dépoussiérer, dès aujourd'hui, bien des structures.

Des médias plus nombreux et libres

Tout pouvoir est conduit à faire une analyse à courte vue de l'emploi des médias. La plupart des hommes politiques pensent, au fond d'eux-mêmes, qu'il faut peu de supports, relativement bien contrôlés. La longue liste des démissions, des exclusions, des mises au placard de l'audiovisuel est là pour en témoigner. Leurs messages passeraient beaucoup mieux en qualité et en quantité avec un grand nombre de médias indépendants. Il est plus efficace de voir des médias nombreux couvrir naturellement le champ de l'actualité que de compter sur peu de supports contraints de vous servir.

Le système actuel est boiteux. Notre audiovisuel est d'une pauvreté dérisoire, non seulement à côté des États-Unis et du Canada, mais même de nos voisins belges. Les journalistes de la radio et de la télévision se promènent entre les nécessités du service public, le besoin de représentation du pouvoir, les attentes de leur auditoire, la volonté de couvrir tout de même l'essentiel des sensibilités politiques. De ce simple fait, le pluralisme ne peut pas être respecté, car il impose une autonomie complète par rapport à tout pouvoir politique. S'il y a pouvoir économique, celui-ci doit reposer sur des critères d'efficacité, donc d'audience.

Le président et sa majorité, patrons du système actuel, en voudront toujours pour leur argent. Mais ils ne seront jamais contents, car, de gauche comme de droite, beaucoup de journalistes sont professionnels avant d'être engagés. On l'a bien vu lorsque Jean-Claude Héberlé, l'ancien président d'Antenne 2, jusqu'alors discret, a voulu prendre en main la rédaction. Quelques-uns de ceux — et non des moindres — qui avaient fondé la crédibilité de la chaîne ont préféré partir.

Le service public est, par nature, suspect de ses liaisons avec le pouvoir. Il s'est fourvoyé dans une course à l'audience qui n'est pas sa mission essentielle. Comme ce livre s'est efforcé de le démontrer, il monopolise, avec trois chaînes nationales, un pouvoir excessif sur la formation des opinions.

Libérer les télévisions est donc la première nécessité. Cela peut prendre du temps. L'objectif est de financer, par la redevance, une chaîne nationale de radio et de télévision. C'est nécessaire pour occuper un créneau qui ne soit pas exclusivement commercial, lancer de grandes séries, privilégier les objectifs culturels. Dans ce cadre peut également prendre place le projet de télévision culturelle européenne de Pierre Desgraupes. La publicité serait réservée aux chaînes privatisées et aux nouveaux réseaux nationaux et locaux.

L'exemple italien est sans équivoque. Après une période d'anarchie, dite des « mille antennes », le marché s'est organisé de lui-même. On est allé du trop-plein à la concentration et aux grands réseaux. Il y a aujourd'hui essentiellement les trois chaînes de la R.A.I., la télévision d'État, et les trois réseaux privés de Sylvio Berlusconi. L'investissement publicitaire global a doublé en trois ans. Cette progression profite essentiellement aux télévisions libres, mais aussi à la R.A.I. et à la presse. L'affichage se maintient comme média complémentaire naturel de la télévision. Le cinéma est le grand perdant, puisque l'investissement publicitaire était en 1983 inférieur aux chiffres de 1980. On me dira que l'exemple n'est pas transposable en France, l'investissement publicitaire en Italie étant particulièrement faible. Pourtant le nôtre est médiocre par rapport à la Grande-Bretagne et ridicule comparé aux États-Unis. Je pense, avec de nombreux experts, que l'augmentation potentielle du marché publicitaire par la création de nouveaux médias est considérable. Afin d'éviter toute déstabilisation de la presse, il ne faut pas l'écarter mais, au contraire, l'associer largement au développement de l'audiovisuel. Dans ce panorama, la 5e chaîne pose un problème et représente un atout. Le problème est dû aux conditions ahurissantes dans lesquelles elle a été octroyée. L'atout, c'est la mise en cause du monopole. Elle est toujours bonne à prendre, quelles qu'en soient les circonstances. Les conditions dans lesquelles le nouveau gouvernement renégociera le fonctionnement de la chaîne dépendront essentiellement de son succès et notamment de la qualité de son lancement.

Une autorité unique pour l'audiovisuel

Pour préparer le monde multi-média de demain, et notamment pour répartir les nouvelles fréquences de radio et de télévision qui peuvent être créées, il reste à définir une politique et à inventer un organisme de coordination.

La droite a été honnête dans l'erreur. Elle a maintenu sous toutes ses formes le monopole audiovisuel. La gauche est sournoise dans l'action. Elle ouvre des verrous tout en clouant les portes. Les espaces de liberté s'accompagnent mal de cet arsenal de règlements administratifs qui font les délices du socialisme.

Le fonctionnement des radios locales les plus

écoutées se fait en marge de la loi. Leurs ressources n'ont rien à voir avec les textes. La publicité leur a été accordée trop tard par la bonne volonté du souverain.

Le plan câble a été retardé par les décrets et les conflits des administrations. Tout a été fait non pour motiver les élus mais pour les décourager. Il y a déjà un réel effort pour un maire à découvrir les fibres optiques, le coaxial, les têtes de réseau et l'interactivité. Aller lui demander en plus de s'y retrouver entre la Haute Autorité, le secrétariat d'État aux Techniques de communication, le ministère des P.T.T., la D.G.T., T.D.F. et la Mission Schreiner relève de l'impossible. Il en est de même pour les télévisions hertziennes. Cette fois-ci, c'est un avocat qu'on a chargé du dossier. On se demande à quoi sert le ministre ? A nouveau, le pouvoir a choisi la voie de l'Administration et de la réglementation.

Radios locales, câble, télévision hertzienne, satellites, le gouvernement découpe la communication en tranches. Il sème, par-ci, par-là, quelques missions et commissions, distribue des rapports. Dans le meilleur des cas, ils sont confiés à des professionnels aussi indiscutables que Pierre Desgraupes. L'ancien président de la seconde chaîne, quand il fait référence à son action passée, parle d' « Antenne 2 ancienne formule ». Il ne prétend pas présenter une vision d'ensemble de l'audiovisuel et s'en tient à son projet de chaîne culturelle par satellite.

Pour sortir du coup par coup actuel et donner une cohérence à l'ensemble, il faut impérativement une autorité unique. Elle doit associer les pouvoirs publics, les parlementaires, les représentants des professions directement concernées. Elle pourra ainsi être politiquement légitime et techniquement compétente.

La Haute Autorité ne peut jouer ce rôle dans sa

forme actuelle. Son mode de désignation la rend dépendante du pouvoir, donc suspecte, malgré les efforts de sa présidente. L'autorité unique peut se concevoir sur les bases d'une partie de l'organisation actuelle de la Haute Autorité. Il faut évidemment supprimer tous les organismes qui font doublon, du type de la commission consultative des radios locales privées. Elle s'est illustrée par un militantisme sournois et, surtout, ne sert à rien.

Déverrouiller les écrans publicitaires

Le pouvoir a créé une Haute Autorité de l'audiovisuel pour assurer le pluralisme à la télévision. Sa mission s'arrête curieusement aux programmes. Pendant ce temps, le gouvernement peut faire, à peu près, ce qu'il veut — seul et à tarif réduit — sur les écrans publicitaires. La politique n'y est pas admise.

A qui fera-t-on croire que la publicité répétitive aux heures de grande écoute n'est pas un plus sûr moyen de faire passer son message que sa distillation dans les programmes ? Cette situation n'est ni saine ni démocratique. Les Français sont traités en consommateurs majeurs et en citoyens mineurs. Ils ont droit à la concurrence publicitaire des produits et pas à celle des idées, des hommes et des projets qui engagent leur avenir.

En ouvrant, sans réserve, la publicité à la communication politique, économique, institutionnelle et sociale d'origine privée, on enlèvera au gouvernement un monopole supplémentaire. On mobilisera davantage les Français. On fera faire à la publicité politique un « saut créatif brusque ». On peut, en effet, faire preuve d'amateurisme dans la conception d'une affiche ou d'un journal, pas dans celle d'un spot dans un pays où la publicité commerciale est une des meilleures du monde. Chaque association nationale, syndicat, fédération professionnelle ou parti sera tenu de s'ouvrir complètement à la publicité, dimension indispensable d'une communication moderne.

Le débat y gagnera en impact, mais aussi en qualité. L'expression politique, et celle des leaders en général, est un mauvais compromis entre le message de fond et l'image qui frappe. Tout décideur qui parle a des choses à dire et sait, en même temps, qu'il faut synthétiser, illustrer son message, atteindre une dimension irrationnelle, faire passer une conviction, une émotion, un sentiment. Que sont donc les petites phrases, sinon des mini-spots de publicité qui doivent frapper l'imagination ?

Avec la publicité, le partage des genres sera plus clair. Elle libérera le débat en profondeur. Les journalistes eux-mêmes pourront aller plus loin et organiser de vraies confrontations qui ne reposeront plus sur l'équivoque.

Enfin, face au pouvoir de l'argent, la publicité politique à la télévision réduira les inégalités. En offrant aux organisations nationales les mêmes conditions qu'au gouvernement — 65 % de réduction sur le tarif — on facilitera l'expression de tous les partis, ce qui est indispensable dans une grande démocratie.

Pouvoir : une communication sans complexe

Nous avons eu, sous le socialisme, la période Gallo. L'homme gagne à être connu. Pourtant sa prestation de quelques mois comme porte-parole du gouvernement restera un échec. D'ailleurs, on ne l'a pas remplacé. Mme Georgina Dufoix fait cela quand elle a le temps. Le gouvernement n'a, pour ainsi dire, plus de parole. Ce qui fait bien l'affaire du Premier ministre qui, lui, n'en manque pas. Là est d'ailleurs la clé de l'histoire. Max Gallo a pris son travail au sérieux. A tel point qu'il intervenait à tout bout de champ. Il était devenu le monsieur Sait Tout du gouvernement. Il rappelait constamment à l'ordre Michel Jobert ou Jean-Pierre Chevènement, répondait à Jacques Chirac, brocardait Giscard d'Estaing. On ne savait plus très bien quand il était porte-parole du gouvernement ou du parti socialiste.

La confusion des genres tue la fonction de représentation gouvernementale qui, même politique, ne peut être partisane à ce point. Une telle fonction appelle un réel pouvoir, au moins pour coordonner la communication du gouvernement. M. Gallo ne l'a jamais eu. Parasité par le service de presse du Premier ministre et celui des grands ministères, ne disposant pas de l'autorité sur le service d'information et de diffusion gardé jalousement par Matignon, il n'a été qu'une voix de plus.

Tirer les conclusions de ces expériences, c'est déjà tracer des perspectives pour demain. Libéré de l'essentiel de sa tutelle sur les médias, privé de son monopole sur la publicité télévisée, le pouvoir pourra avoir enfin une communication sans complexe.

L'outil naturel doit en être un grand ministère de la Communication. Il aura pour mission d'informer les élus, les relais d'opinion, à commencer par les journalistes, de coordonner les prestations des membres du gouvernement et d'assurer la promotion de leur action, de lancer régulièrement des campagnes d'information et de publicité.

Toute communication gouvernementale doit prendre en compte une réelle contradiction. Chacun veut sa part de promotion, être crédité de ses actions. Mais imagine-t-on une gamme de produits d'une même marque se vendant en ordre dispersé ? Éclaté, le message gouvernemental est confus. Trop unifié, il sacrifie l'image des hommes à un ensemble abstrait.

La solution n'est pas, comme le croit Laurent Fabius, de faire taire le plus grand nombre, à tout prix. C'est une méthode à courte vue qui sert le Premier ministre mais ne couvre pas l'étendue des besoins. L'équilibre est difficile à trouver mais indispensable. Il repose sur une coordination des initiatives, un véritable plan de communication gouvernementale. Il intègre la valorisation de chaque ministre qui doit pouvoir, non seulement s'exprimer, mais être invité à aller sur le terrain porter réellement la parole du gouvernement. L'action du ministère se fera d'autant mieux qu'elle incitera les ministres à s'exprimer davantage, qu'elle reflétera l'action d'une équipe, non à concentrer sur un homme un pouvoir médiatique considérable.

Le service d'information et de diffusion dépendant actuellement de Matignon doit, bien sûr, être placé sous l'autorité de cette structure nouvelle. C'est aujourd'hui un organisme assez anonyme qui se promène entre l'information et la propagande. Il doit être repensé et s'en tenir exclusivement, sous une autorité politique directe, à l'organisation des campagnes d'information et de publicité.

Il faut augmenter considérablement les budgets destinés à ces campagnes : le besoin d'information est réel. Il concerne en priorité les actions de communication sociale, sécurité routière, économie d'énergie, santé, emploi des jeunes, etc. Il doit mieux intégrer certaines nécessités élémentaires comme l'instruction civique, la culture économique. Il doit également couvrir des événements comme le budget de la nation et toutes initiatives nouvelles concernant la vie quotidienne des Français. Il est infiniment plus sain que le gouvernement fasse sa publicité en toute clarté, dans la concurrence des messages quotidiennement émis, plutôt que de le faire sournoisement et finalement mal. La communication ne peut pas être exclusivement centralisée. Elle doit trouver, en complément, son expression régionale et départementale. Avec la décentralisation, les préfets ont perdu bien des pouvoirs. Ils ont aussi abandonné à tort le terrain de la communication. Ils devront demain disposer d'un budget leur permettant de développer leurs relations avec la presse, d'organiser des animations, expositions, campagnes d'information.

Ce réseau gouvernemental n'a de sens qu'en faisant aussi son métier de relais sur le terrain. Il pourra y avoir ou concurrence ou complémentarité avec les conseils généraux et régionaux. Tant mieux. Rien n'est plus sain pour activer le débat démocratique. Cela incitera les élus à communiquer encore mieux.

Des partis communicants

Réhabiliter la responsabilité politique impose de mettre les partis au goût du jour, c'est-à-dire de les inscrire dans l'ère de la communication.

Ce diagnostic a été fait dans bien des entreprises, chambres de commerce ou professions, qui ont su se remettre en cause. Même si le fond est différent, nous allons voir que, dans la forme, les moyens de lifting sont bien proches.

La communication commence à l'accueil. Zéro pointé dans la plupart des cas. Il y a bien eu quelques efforts, mais cela manque de fraîcheur et de décor à la réception.

Elle continue par le service du courrier. Il est

traité dans n'importe quelle entreprise. Essayez donc d'écrire à un leader de parti. Une fois sur deux, au mieux, vous aurez une réponse.

Il y a ensuite le fichier clients, indispensable pour les facturations, les relances, l'envoi de documentation. Le parti a les mêmes besoins. Il doit informer et mobiliser son réseau, gérer ses adhésions, les développer par des envois de lettres auprès des sympathisants. Toutes actions plutôt délaissées aujourd'hui.

Le service des élections doit, bien entendu, être entièrement informatisé et des programmes spécialement créés pour fournir immédiatement la température électorale d'un canton ou d'une région, sur la base des cinq derniers scrutins. Penser à la télématique, c'est investir dans une banque de données accessible à tous les militants et même un service de messagerie électronique. La communication avec le réseau sera nécessairement bouleversée dans les dix ans qui viennent. Mieux vaut le préparer aujourd'hui.

L'animation du réseau comprend également l'envoi à chaque responsable régional, départemental, local ainsi qu'aux élus d'un matériel de base. Des argumentaires sur les grands sujets d'actualité peuvent éviter une cacophonie assez répandue. Des annonces presse types à publier dans les supports des élus. Des modèles d'affiches et de dépliants à repiquer et éditer localement. Des cassettes pour les radios locales. Des bandes vidéo. Tout cela est le B.A. BA de l'animation d'une force de vente. Tout cela n'existe pour ainsi dire pas. Car je viens, en fait, de décrire une véritable agence d'information intégrée, y compris photothèque et vidéothèque. Aucun parti ne l'a encore créée.

Reste enfin la vente de la marque directement au grand public. Un parti moderne doit organiser, chaque année, une grande campagne de publicité, et non se réveiller seulement au moment des consultations. Il y a dans les partis le réflexe de l'élection. On n'investit jamais assez au moment où le citoyen est disponible. On en fait toujours trop au dernier moment. Là, on est prêt à dépenser beaucoup au moment où l'électeur commence à se sentir agressé. L'argent gâché au moment des élections est d'ailleurs considérable.

Dans cet effort d'information à long terme, les partis ont un rôle très important à jouer. Encore faut-il leur en donner les moyens. Moyens publics. Sur la base des élections législatives, un parti ayant fait 5 millions de voix toucherait, sur le budget de l'État, 5 millions de francs chaque année. La démocratie vaut bien un franc par voix et par an. Moyens privés aussi. Il faut permettre à chaque citoyen, aux associations et aux entreprises de bénéficier des déductions d'impôts comme cela est le cas pour les fondations et causes d'intérêt général... Est-il scandaleux de déclarer nos partis d'utilité publique ?

Quel gouvernement aura enfin le courage de prendre des dispositions aussi simples et nécessaires pour mettre fin à des pratiques financières rendues indispensables par le système actuel et donner réellement droit de cité aux partis politiques ?

Une démocratie active

« Quand on a la prétention d'entraîner les gens dans l'imaginaire, il faut savoir les ramener dans le réel... et sans dommage. Vous savez que c'est une responsabilité ! » Cette phrase empruntée à Raymond Devos résume bien le parti de la communication et de tous ceux qui militent pour elle.

Le risque démagogique existe. Plus l'électeur se

sentira impliqué et motivé, plus il pourra intervenir dans le débat, moins il sera victime des marchands d'illusion. Déjà, avec la personnalisation du pouvoir, le vedettariat politique est total. La télévision produit des stars quand elles méritent de se faire comprendre... et aimer.

Sauf à revenir en arrière ou à changer de système politique, nous sommes condamnés à choisir la voie de l'approfondissement démocratique. C'est celle de la communication.

Le produit politique sera de moins en moins imposé mais le résultat d'une demande populaire exigeante.

Les nouveaux médias imposeront une réelle communication dans les deux sens.

Les élus devront constamment expliquer et justifier les décisions prises ou consulter la population au préalable.

La multiplication des circuits de communication conduira les responsables publics à être davantage considérés pour ce qu'ils sont que pour ce qu'ils paraissent. Et, même là où un décalage existe entre la promesse de l'élection et la réalité de l'exercice du pouvoir, la communication ira dans le bon sens. Tout élu se sentira de plus en plus engagé par les images et les symboles qui lui auront permis de l'emporter.

L'élection est un contrat. A la communication d'assurer aussi son service après-vente. Pour que les hommes politiques continuent à vous plaire.

BIBLIOGRAPHIE

SUR LA VIE POLITIQUE

Crubellier (M.). — *Histoire culturelle de la France aux XIXe et XXe siècles.* (A. Colin, 1974.)

Mayeur (J.-M.). — *La Vie politique sous la Troisième République.* (Seuil, 1984.)

Chapsal (J.) et Lancelot (M.). — *La Vie politique en France depuis 1940.* (Thémis, P.U.F., 1979.)

Williams (Ph.). — *La Quatrième République.* (Colin, 1971.)

Viansson-Ponté (P.). — *Histoire de la république gaullienne.* (Fayard, tome 1 : 1970 ; tome 2 : 1971.)

Sofrès Opinion publique 1984. (Gallimard, 1984.)

Sofrès Opinion publique 1985. (Gallimard, 1985.)

ÉTUDES DE SCIENCE POLITIQUE

Stoetzel (J.). — *La Psychologie sociale.* (Nouvelle bibliothèque scientifique, Flammarion, 1963.)

Braud (Ph.). — *Le Comportement électoral en France.* (P.U.F., 1973.)

Braud (Ph.). — *Le Suffrage universel contre la démocratie.* (P.U.F., 1980.)

Cotteret (Jean-Marie). — *Gouvernants et gouvernés.* (P.U.F., 1973.)

Actes de la Ve rencontre interuniversitaire des politistes francophones sur le marketing politique. (Université de Liège, 1980.)

Pouvoirs no 14 (1980) : « Élire un Président. »

Staetzel (J.). — *Théorie des opinions.* (P.U.F., 1943.)

Les Analyses du comportement électoral en France. (A.F.S.P., 1984.)

Laufer (R.) et Paradeise (C.). — *Le Prince bureaucrate.* (Flammarion, 1982.)

SUR LES MÉDIAS

Cayrol (R.). — *La Presse écrite et audiovisuelle.* (P.U.F., 1973.)

Cazeneuve (Jean). — *Les Pouvoirs de la télévision.* (Gallimard, 1970.)

Cathelat (Bernard). — *Publicité et société.* (Payot, 1976.)

Balle (F.). — *Médias et société.* (Montchrestien, 1984.)

Blumler, Cayrol, Thoveron. — *La télévision fait-elle l'élection ?* (F.N.S.P., 1978.)

Balle (F.). — *Les Nouveaux Médias.* (P.U.F., 1984.)

SUR LE MARKETING POLITIQUE

Laurens (André). — *Le Métier politique ou la conquête du pouvoir.* (Alain Moreau, 1980.)

Le Seac'h (Michel). — *L'État marketing.* (Alain Moreau, 1981.)

David (D.), Quintric (J.-M.), Schroeder (H.-C.). — *Le Marketing politique.* (P.U.F., 1978.)

Lindon (Denis). — *Marketing politique et social.* (Dalloz, 1976.)

Lindon (Denis), Weill (P.). — *Le Choix d'un député.* (Éditions de Minuit, 1973.)

Noir (Michel). — *Réussir une campagne électorale : suivre l'exemple américain ?* (Éditions d'organisation, 1977.)

Piotet (Jean-Pierre). — *Nous sommes tous des candidats.* (Presses de la Cité, 1976.)

Le Net (Michel). — *L'État annonceur.* (Éditions d'organisation, 1981.)

Bore (P.-L.). — *Publicité et politique.* (Mémoire D.E.S., science politique, 1975.)

Schwarzenberg (R.-G.). — *L'État spectacle.* (Flammarion, 1977.)

Cotteret (J.-M.), Émeri (C.), Gerstle (J.), Moreau (R.). — *Giscard d'Estaing/Mitterrand, 54 774 mots pour convaincre.* (P.U.F., 1976.)

Séguéla (J.). — *Hollywood lave plus blanc.* (Flammarion, 1982.)

Benoit (J.-M.). — *La Publicité de type commercial dans les campagnes présidentielles de Valéry Giscard d'Estaing et François Mitterrand de 1974 à 1981.* (Mémoire Institut d'études politiques, 1983.)

Huet (Sophie) et Langenieux Villard (Philippe). — *La Communication politique.* (P.U.F., 1982.)

Domenach (G.). — *Comment devenir député.* (Albin Michel, 1973.)

Babaz (M.). — *Le Rôle de la publicité dans les campagnes électorales britanniques de 1964, 1966, 1970.* (Thèse université de Lille III, 1980.)

Parti socialiste. La communication politique et ses techniques. (Supplément à la *Nouvelle Revue socialiste* nº 27, 1978.)

Pouvoirs nº 33 (1985) : « Les Sondages. »

L'impression de ce livre
a été réalisée sur les presses
des Imprimeries Aubin
à Poitiers/Ligugé

pour les Éditions J.-C. Lattès

Achevé d'imprimer en décembre 1985
N° d'édition, 86021 — N° d'impression, L 20914
Dépôt légal, janvier 1986

Imprimé en France